湖南省2019年社会科学成果评审委员会一般课题（XSP19YBC272）
邵阳市2018年科技计划一般项目（2018BG5）资助

湘西南少数民族非物质文化遗产及活态传承

姚文凭　罗惠　著

中国海洋大学出版社

·青岛·

图书在版编目（CIP）数据

湘西南少数民族非物质文化遗产及活态传承 ／ 姚文凭，
罗惠著. — 青岛：中国海洋大学出版社，2019.3
ISBN 978-7-5670-2192-1

Ⅰ．①湘… Ⅱ．①姚… ②罗… Ⅲ．①少数民族－非
物质文化遗产－研究－湖南 Ⅳ．① G127.64

中国版本图书馆 CIP 数据核字 (2019) 第 081497 号

出版发行	中国海洋大学出版社		
社　　址	青岛市香港东路 23 号	邮政编码	266071
出 版 人	杨立敏		
策 划 人	王　炬		
网　　址	http://pub.ouc.edu.cn		
电子信箱	tushubianjibu@126.com		
订购电话	021-51085016		
责任编辑	由元春	电　　话	0532-85902495
印　　制	上海长鹰印刷厂		
版　　次	2019 年 8 月第 1 版		
印　　次	2019 年 8 月第 1 次印刷		
成品尺寸	185 mm×260 mm		
印　　张	10		
字　　数	182 千		
印　　数	1~1000		
定　　价	79.00 元		

前言
PREFACE

目前，中国湘西南地区居住着苗族、侗族、土家族、瑶族、布依族、回族等多个民族，属于多个少数民族世代聚居的地区，独特的地理环境哺育着特色的族群，承载于底蕴深厚的多元的民族文化之上。湘西南少数民族地区非物质文化遗产宝库资源异常丰富，这些绚丽多彩的非物质文化遗产，是湘西南地区少数民族传统文化的活化石。

随着农耕文明向工业和商业文明转型，人们的生活内容和方式发生了巨变，非物质文化遗产是一种生活文化，首当其冲受到影响，多项非遗传承人的平均年龄都在 60 岁以上，还有许多面临失传的危机。造成这一现象的主要原因：一是城镇化的影响，乡村劳动力大量涌入城市，非物质文化遗产传承后继乏人；二是湘西南地区非物质文化遗产发展的自限性，使其未能及时融入现代生活，以致失去了赖以生存的市场。怎样改变非遗保护传承与市场脱节的现状？依托非物质文化遗产等各种形式文化资源，开发各类文化创意产品，实现非遗传承和乡村振兴的双重目的成为重要的研究课题。

就学术研究层面来说，国内关于"非遗"的研究成果比较丰富，将其观点归纳起来，主要分为以下三个方面。一是从少数民族"非遗"传承和保护视角展开的研究。孙传明《广西少数民族非物质文化遗产数字化保护现状及对策分析》（广西民族研究，2017），宋利荣《贵州少数民族地区非物质文化遗产信息化保护策略》（黑河学院学报，2017），丁智才《民族文化产业视域下少数民族非遗文化的生产性保护——以壮族织锦技艺为例》（云南社会科学，2013）等文献分别就非遗文化的传承主体、传承方式和保护手段，提出了多种思路。二是关于湘西南少数民族"非遗"传承的研究。皮珊珊《新媒体时代背景下湘西南瑶族服饰文化的保护与传承》（艺术品鉴，2018），刘阳琼《湘西南路阳戏的文化传承与产业化开发》（大众文艺，2017），李曾辉《湘西南梅山峒民"炭花舞"传承、保护及开发利用》（贵州民族研究，2017）。这些研究就某项非遗项目，从其产业开发和经济生产等方面提出了传承保护的对策，有一定的学习与借鉴价值。三是乡村振兴视域下的"非遗"传承研究。关于乡村振兴视域下非物质文化遗产的传承和发展研究，通过知网、万方、维普检索，目前共找到 19 篇论文，其

1

中代表性的有：林青《乡村振兴视域下的非物质文化遗产传承和发展研究》（南京理工大学学报，2018），王传合《传承非遗助推乡村振兴》（贵州日报，2018），彭莹《乡村振兴战略与非物质文化遗产保护问题探论》（上海城市管理，2018）等。这些研究分别从乡村振兴战略下非遗传承与保护、非遗怎样在乡村振兴中发挥作用等角度进行了探讨。

目前，就非遗发展与开发的现实状况来说，立足少数民族地区非遗文化资源，将非遗的文化特色和产业相结合，助力湘西南少数民族贫困山区群众脱贫之路，仍然遇到许多难以逾越的制约因素和发展瓶颈。首先是保护传承后继乏人。非遗传承后继乏人，似乎成了非遗传承不可回避的共性问题，没有经济效益、没有市场……于是，找不到可以授业永继之人，成了湘西南少数民族地区许多非遗匠人的终生遗憾和永远的喟叹。其次是开发程度低。以旅游纪念品开发为例，旅游纪念品是一个城市的名片，是旅游业的重要增值部分，游客可以通过旅游纪念品感受地域文化特色。邵阳地处湘中偏西南，自古是多民族聚居地区，在湖湘人文的宏阔背景上，有着秀丽深厚的人文底蕴与多姿多彩的民俗文化，生态和文化旅游资源丰富。对比邵阳市乃至湘西南少数民族地区旅游业的高速发展，与旅游纪念品相关的文化产业相对落后。旅游纪念品缺乏个性、种类单一、无鲜明特色的问题十分突出。据国家统计局相关数据显示，2017年上半年全国规模以上工艺美术品生产的辅助生产收入为8503亿元，同比增长了10.5%。相较于国内近年来旅游相关产业发展的蓬勃之势，湘西南少数民族地区旅游纪念品市场的差距明显。

创生于经济欠发达、生产力较落后少数民族地区的非物质文化遗产需要突破其原始、封闭的传承途径，通过保护性生产增强其适应性和活态传承的能力。湘西南少数民族地区独特的非遗文化资源，决定了其文化产业的差异化路径。保护性生产使非遗产品较难在短时间内形成优势互补的市场，当一些产品升级换代再次进入市场，如何快速地为其生存发展提供驱动力，这是非遗产业集约化过程中将会面对的机遇和挑战。非物质文化遗产项目主要的保护模式有两种，一种是博物馆式的静态保护，另一种是活态的生产式保护。笔者认为，非遗创生于人们的生活之中，与生活隔离的博物馆式保护违背其本质属性，而生产性保护作为对单一保护理论的辩证补充，保留了非遗核心技艺和文化内涵的原真性，是一种折中的重要理念和保护措施。文化部部长雒树刚说："非物质文化遗产保护要实行生产性保护，特别是传统工艺要和群众生产生活以及精准扶贫结合起来。只有保护好，才能利用好，让文化遗产真正活起来。"

湘西南少数民族地区文化是我国多元文化形态中极其重要的板块，其不仅是长江文明的组成部分，也是湖湘文化的典型代表。随着经济文化全球化发展的推进，作为长江文明中极具代表性的文化类型，湘西南文化正面临着"融合"与"共生"的双重难题。在国外，特别是在日本的乡村建设中，最具特色的就是"一村一品"规划，在政府指导下，充分挖掘地方特色，开发非物质文化遗产特色产品、民俗旅游等。经过二十多年的"造村运动"，刺激了农村消费的多元化，实现了非物质文化遗产的活态传承。意大利"非遗"项目很多也集中在经济并不发达的南方地区，政府将"非遗"和第三产业结合，使各种传统工艺品销售、传统习俗体验，成了新的经济增长点。当前，民族文化已经摆脱了传统依附性的地位，成为经济、社会发展的重要组成部分。湘西南少数民族地区拥有丰富的非遗文化资源，能够成为文化产品生产的原材料，在此基础上产出的文化产品形态也将具有更广泛的参与性和消费性，因此，湘西南少数民族地区"非遗"的活态传承与开发前景广阔，在未来无疑是推动少数民族地区文化产业发展的一个新的增长点。

自 2011 年起，本人一直从事湘西南非物质文化遗产的传承和保护工作，成功立项了 2019 年湖南省社会科学成果评审委员会课题《湘西南少数民族地区非物质文化遗产活态传承研究》和 2018 年邵阳市科技计划项目《花瑶挑花的图案美学与旅游纪念品创新设计》。为完成这些项目，本人在前期研究的基础上，又通过了近一年的田野考察和原生态资料的收集，现将这些研究成果整理出版，希望为湘西南少数民族地区非物质文化遗产的传承和地区乡村经济文化振兴战略的实施做出贡献。

书中只萃取了部分非物质文化遗产项目，在湘西南地区还有许多其他的非遗项目没有一一列举，希望在今后的研究中能继续以出版系列书籍的形式加以补充完善。由于作者水平有限，书中存在的不足和疏漏，敬请各位专家和读者批评指正。

姚文凭

2019 年 1 月

目录
CONTENTS

国家级非物质文化遗产篇

第一章　滩头木版年画

第一节　滩头木版年画的历史源流

每逢春节，贴年画是中华民族传统的习俗。在历经了一年的辛苦劳作之后，到了年末，天气寒冷，万物停止生长，以农耕为主的人们在此时终于可以歇息下来，好好地休养生息。过年时，除了要把家中打扫干净，室内装饰也要更新，年画就是其中最重要的装饰。在全国各地有许多不同种类的年画艺术风格，据统计，全国一共有 13 个地方生产年画，如北方有山西平阳年画、北京年画、天津杨柳青年画、高密扑灰年画、梁平年画等；南方有苏州桃花坞年画、四川绵竹年画、广东佛山年画、隆回滩头年画等。年画是我国历史最为悠久的非物质文化遗产之一，是我国民间特有的美术形式。每逢过年，家家户户贴年画、贴春联，祈福家族人兴财旺、家庭和睦，来年能够风调雨顺、五谷丰登，这种习俗和我国历史悠久的农耕文明密不可分。

一、滩头木版年画的起源

木版年画是一种地域文化，根植于民间民俗文化，是老百姓希望来年人兴财旺、平安健康等各种愿望的体现。在中国湖南省的西南部，坐落在古梅山地区隆回县的美丽滩头镇有一种历史悠久的传统年画——滩头木版年画，该地曾经是南方重要的木版年画产地。滩头木版年画是全国四大年画之一，也是湖南唯一一项民间美术类的非物质文化遗产。滩头是古镇，据地方志《隆回县志》记载，于元末明初建镇，名曰"楚南滩镇"。滩头一带属于古代梅山地区，信奉鬼神，信奉巫教，各种祭祀活动盛行。古代的梅山人对于风、雨、雷、电等自然现象十分敬畏，把打雷闪电看作是雷公电母的发怒，生产力的落后，使得天灾对该地区的影响十分巨大。当地人，所有的生计都寄托于稻谷的收成，如不幸逢天灾，食不果腹是常事。为了祈福来年的好收成，人们将美好的祈福和愿望寄托于一张张充满吉祥寓意的年画中，滩头年画也就应运而生。而且在以前没有机械化生产，老百姓过年过节增加喜庆气氛就靠年画。在湘西南地区的历代文化积淀和民俗文化中，还有以滩头木版年画技艺印制的各种"符"，这种"符"有专门贴在猪圈和牛圈中的，可以让家禽家畜免遭瘟疫。湘西南地区劳动人民饱经磨难，因此向往富裕、平安、幸福、吉祥的愿望十分强烈。民间艺人们把这些愿望融于年画作品中，迎合了人民的心愿，当然备受欢迎。其实，贴年画不仅是湘西南地区的习俗，全国各地都有贴年画的习俗，它是中华民族包括海外华人特有的民间习俗，代表了千年来人们对喜庆吉祥的追求、对美好生活的向往。

滩头年画的诞生，除了人们对来年能够风调雨顺、五谷丰登的美好祈福的人文因素外，得天独厚的地理资源也是其发展的另一个重要原因。隆回滩头镇位于湘西南雪峰山地区，有着非常丰富茂盛的楠竹自然资源。此外，这里还有一种全国各地非常罕见的带有岩浆成分的泥巴，经过工艺分解过滤可以制成一种略带黏性的岩浆泥水。这种胶水刷在纸上，就成为印刷年画用的粉白纸，使用了这种胶水后，可以使上色的颜料经久不褪色，这是滩头年画制作过程中的重要"托胶"工序。而且，当地的山泉水又宜于上色，这些都是滩头年画生产的客观自然条件。滩头木版年画使得滩头这样一个不是交通要道的小山村，成了闻名国内外的重要手工抄纸基地和文化重镇。

二、滩头木版年画的发展

滩头建镇历史久远，而让这个地处山脉腹地、交通闭塞的小镇（图 1-1-1）闻名全国的就是滩头年画。最早对滩头年画有记载可查的史籍是《邵阳地方志》。据《邵阳地方志》记载："元大德年间（1297～1307）流行于江南一带之赵公元帅像，为邵阳滩头所印。"这段文字记载了早在元代的大德年间，邵阳滩头镇所印制的年画赵公元帅像就已经销售到了江南一带。在交通工具落后的古代，运输仅靠水运和马车，从湖南邵阳的滩头镇到江浙一带，何止几千里之遥，可见滩头年画在当时已经贸易发达，其发展规模可见一斑。

到了明代，滩头木版年画的规模更大，已经远销全国各地，形成了包括造纸、刻版、印刷、销售、运输在内的完整商业运营模式，并且诞生出了许多经典的作品。这些代表性的年画图案设计，至今仍然是滩头木版年画的经典和代表，如滩头木版

图 1-1-1　滩头古镇

年画驰名中外的《老鼠娶亲》作品的旧雕版上刻有"楚南滩镇新刻老鼠娶亲全本"字样，称湖南为"楚南"，这些显然不是现代的称呼，只有在明代时称湖南为"楚南"（图1-1-2）。

图 1-1-2 滩头年画《老鼠娶亲》（现代）

滩头年画发展的鼎盛时期是民国初期。民国时期社会时局动乱，而位于雪峰山脉的滩头镇却因为独特的地理优势安享乱世中的平静。滩头小商品经济飞速发展，这个时候滩头镇共有年画制作小作坊100多家，工匠人数有2000多人，每年印刷量已经超过3000万份。当地的百姓在农闲时节，几乎家家户户都参与到做年画中，有制版的、做颜料的、造纸的，形成了一套完整的产业。滩头木版年画国家级传承人钟建桐说，当地的小孩子最怕放寒假，因为放了寒假就意味着要帮家里做年画，整个假期都没有休息时间。当时，著名的作坊有大生昌、大成昌、道生和、生成昌、和顺昌、松荣祥、宝悦来、正大昌等。大作坊雇佣工多达几十人，分工也是十分细致，有人专事采料、煮纸、雕刻、制版、印刷、切纸、配色等各个工序，形成一条流水线式的生产方式。小作坊则是全家的男女老少一起动手，都加入生产制作的行列。每年中秋节以后，各家作坊便开始印刷年画，一直忙碌地生产到腊月时节。快过年了，各地的年画销售商人会纷纷前来滩头进货。年画产品远销云南、贵州、四川、江西、浙江等地，而且已经不仅仅是在国内各省销售了，还发展了国际贸易，与中国南部毗邻的老挝、泰国、越南等地也是年画的批量销售之地。

民国之后，滩头年画一度经历了低谷期，所有的生产作坊几乎全部关闭。2006年滩头年画被列入国家非物质文化遗产名录，在保护和传承上得到了当地政府许多政策和经济上的支持。现代滩头年画的发展又重新形成了规模，现在已经恢复生产的有高腊梅、福美祥、忠良美等十来个老字号年画作坊，其中以高腊梅作坊最具规模。滩头木版年画在印制题材上会根据销售的地区决定内容，比如销往贵州地区的年画，会印制贵州苗族同胞崇敬的苗王，以便张贴在家中，驱邪避灾。滩头木版年画是一门跨民族跨地域的艺术，是梅山文化非常独特的艺术符号，造型的古朴笨拙、色彩的火辣明艳，无不体现了梅山人的性格特征。

第二节　滩头木版年画的工艺

滩头年画的制作工艺流程非常讲究而烦琐，从纸张的制造，到绘图、刻版、印刷、开脸等要经过二十多道工序。一个成熟的年画制作艺人，从学徒到出师要经历各个工序岗位的锻炼，成为师傅需要五到十年的时间。滩头木版年画从手工造纸到年画成品都在滩头小镇一个地方生产。下面我们将对滩头年画从纸张抄制到年画成品的技艺流程进行详细介绍。

一、簾子制作

滩头年画印刷所选用的底纸是滩头镇桃林村、城上村等手工抄纸艺人按传统技艺抄制出的手工古纸。年画纸张质量的好坏除了要求抄纸工人具有精湛的技艺外，对抄纸用的器具——"簾子"的制作也有极高要求。

俗话说："抄纸必用簾，有簾方成纸。"簾子是手工抄纸的器具之首，其整套制作需经过篾匠、木匠、漆匠等艺人的一系列工艺。其制作技艺流程如下。

1. 选料

做簾子的竹子要选两至三年的中年竹子，不能太老也不能太嫩（图1-2-1）。将选好的竹子用柴刀轻轻刨去外面一层薄薄的表皮，除去节位，砍成长度30cm ~ 40cm的竹筒。

图1-2-1　选竹的工序

2. 剖料

然后将竹筒一剖为二开，并按几何数字递增分别剖开下去，直到将每块竹篾剖成直径 3mm 左右的竹丝（图 1-2-2）。

图 1-2-2　剖料的工序

3. 削料

将每根竹篾丝的一端，用剖刀削尖，有点儿像女士手工编织毛线衣的针。

4. 抽丝

把一块钻有直径 2mm、1mm、0.5mm 等大小不等的带小孔的铁片，垂直安装在一块木板上，将竹篾丝削尖的一端，第一次从一个 2mm 的孔穿过去"瘦身"，第二次与第三次，分别通过 1mm 与 0.5mm 的小孔继续"瘦身"。如果起初剖的篾较细，也可只瘦两次身，即先通过较大孔抽丝，再从较小孔抽丝，这样编织竹簾的细竹丝就加工完成了（图 1-2-3）。

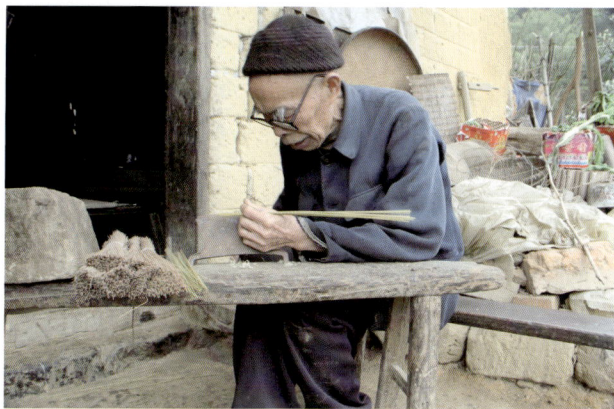

图 1-2-3　抽丝的工序

5. 织绳

古代人用蚕丝，现代人用尼龙丝，每三根为一股，编织成结实的丝线。

6. 编织

织好绳子后，开始编织竹簾，将一根直径 3mm 的粗篾丝，扎在木架上，作为头儿，比竹簾的宽度要长数厘米。再将数十根缠着吊葫芦的丝线竖直安放在木架上，让其垂吊着，用它们来编织一根根细竹丝，竹丝间距为 0.5mm。这样在编织到一定规格长度后，剪去两侧多余的、参差不齐的细竹丝，即成一张竹簾子雏形。制作这样的一张簾子，需要细竹丝成千上万根，丝线百余根（图 1-2-4）。

图 1-2-4　编簾的工序

7. 刷漆和烘烤

这两个步骤需同步进行，先烧一个木炭火，微火就行，把编织好的竹簾子绷在一个竹架上，竹架放在木炭火上，离火 60cm 高，用自制的细猪鬃毛刷子，涂刷一层黑土漆。每刷一层，就用微火将竹簾子烤干，刷一遍要花一整天的时间，每隔 2 ~ 3 天就要涂刷一遍，如此循环 3 遍。然后配上相应的"簾床"，一张完整的手工抄纸簾子就完成了（图 1-2-5、图 1-2-6）。

在簾子制作中不使用电与机器设备、化工原料等，只需一把简陋的刀具、一块带有钻孔的铁片与一些尼龙丝，全凭手工一丝一线编织而成。所以编织出来的竹簾非常平整、细腻、笔直，其渗透、滤水性能自然顺畅无阻，精细程度可超过现代化机械生产出来的纱网。其使用寿命则可达 2 年，每天使用 3000 余次。

图 1-2-5　编织好的簾子

图 1-2-6　成品簾子

二、手工抄纸

　　手工抄纸的作坊一般建在近水的洼地，砖石结构，面积 20 平方米左右。坊内有踩料凼、纸槽、木榨等设施。纸槽一般长 2.5 米，宽 1.5 米，高 0.8 米。手工抄纸具体技艺流程如下。

1. 砍料

　　抄纸所用的原材料是仔竹，又称嫩竹。"仔竹不呷小满水"，就是说在农历小满之前必须砍伐当年的仔竹备料。

2. 备料

　　除青竹枝，用月光刀削去青皮，用料斧将去皮的仔竹截成 5 尺长一根，用劈刀劈成若干小竹片，每片宽 1 寸左右，打掉节牙，30 千克左右扎成一捆，运至沤制处，当天备好的料最好当天下凼。

3. 浸料

　　料凼一般设在小溪或山泉边，凼深约 2 米，宽约 4 米，长短不定。下凼前，用枕木抬起，枕木离地面约 0.5 米，在枕木上再一层层放料。每层料约 8 寸厚，一层料放好后，在料上再撒一层生石灰，料与石灰的比例为 4：1。堆放的层数由凼的深度而定。料放好后，在凼中灌满水，水高出料面 5 寸左右，浸泡 40 天后，用清水洗去石灰水，将料晾干。在凼底用枕木抬起，将料层层放在枕木上，底部稀松一点，便于通风，上面盖 2 寸厚的稻草，用竹布、石头压紧，干发烧 15 天，再放清水浸泡 40 天。白料浸泡一两个月后，换上清水，冲洗干净，再进行二次浸泡，然后踩料、搅料，踩料和搅料用扛耙工具进行（图 1-2-7），纸料沤制完成。

图 1-2-7 扛耙搅料工序

4. 踩料

把沤制好的纸料放在特制的竹筐里，每筐放料 200 斤左右，用脚在竹筐里来回踩动，直至把料踩成泥状。然后将踩好的料放在大木桶里，加水后用木制的扛耙不断搅拌，使纸料完全溶于水中。最后将纸浆水倒入纸槽内，再配上一定比例的滑叶水。

5. 煮滑

所谓滑叶水，是用当地野生山胡椒加工而成的。每年农历 7 ~ 8 月份即山胡椒快要成熟时采其叶，可现用，也可晒干备用。蒸煮时，等锅里的水煮沸后再放滑叶，滑叶上再盖一层生石灰浆，滑叶煮烂时，用 3 ~ 4 寸宽的竹片在锅中边翻边拍打，直至成耙状。凉后装入滑桶中，放水浸泡若干天，再用自编的竹篓过滤后备用。滑叶水在抄纸荡帘时起润滑剂的作用，配料时全凭抄纸师傅的感觉，滑叶水不能多也不能少，多了，抄纸荡帘时纸浆溜跑了；少了，荡帘时纸浆溜动不均，影响抄纸的质量。配方虽没有严格的比例，但应恰到好处。

6. 抄纸

抄纸这一步骤，在明代宋应星的著作《天工开物》中叫作"入帘、覆帘"。抄纸的工具叫"帘子"。抄纸工匠用帘子在纸槽中捞起可以用来做纸的纤维，要分两次捞起，然后均匀地漏掉水分，一张从上至下厚薄一致的纸基本形成。然后轻轻地取下来，将纸粘贴在一张平版上，下一张纸又贴在上一张纸之上，一张张十分整齐地粘上去，纸上粘纸，逐渐形成一个长方形纸垛。抄纸匠人一直用帘子把纸槽中的纤维陆续地全部捞出，这个湿漉漉的纸垛最终大约有 1000 张纸，一米来高。技术娴熟的抄纸师傅，每天可捞 1000 张纸以上，有的师傅两天就可抄

30 合，每合 100 张，共计一担纸。一担纸是湿乎乎的纸，为什么能从簾子上脱落下来，就是上面所说的，在悬浊液中加了"滑"的缘故（图 1-2-8）。

图 1-2-8　粘纸工序

7. 卸纸

在抄纸工序做完之后，接下来就是卸掉粘在簾子上的纸张，一边将纸张卸下来，一边去掉多余的纸。卸纸的过程要极为心细轻巧，不然容易使薄薄的纸张被撕坏。

8. 压纸

压纸顾名思义为将纸压平，工具多采用杠，压纸时间较长，通常要一周以上。

9. 整垛

抄好的纸垛四边宽窄稍有些不整齐，于是将四边多余的部分——大约各一寸宽的边沿部分掰掉。掰掉边沿部分之后，纸垛之所以成为非常规则的几何体，是因为簾子上，离边沿处有一条略粗的竹丝镶成的一个规则的四边形。

10. 榨干

抄纸的簾子是将很细很薄的竹条用丝线编织而成，一般长约 1.2 米，宽 0.7 米。使用前需用桐油刷 3 次，才能牢固耐用。一般抄到 1000 余张，就要将纸用木榨（一个利用杠杆原理制成的装置）榨干水分，榨干后的纸再一张张地启开进焙屋焙干。

11. 晒纸

晒手的任务是把抄手抄的纸焙干。晒手从抄手那里接来纸垛，摆放在工作台上，以"三子"（一个竹镊子、一个木溜子、一把鬃刷子）为工具，开始工作。

溜纸：所谓溜纸即是用木溜子在纸垛上层表面溜动，使纸垛中间低于四边。四角翘起，便于剥纸。

启纸：在启纸过程中，师傅们需要用到的工具是竹镊子，沿着纸垛的一个角把湿纸一张一张启下来，在此过程中要注意上一张与下一张之间的距离相隔约为1厘米，每次分两批剥离10张左右。如果因为天气原因，纸垛干得太快，则会遇到剥不开的情况，这时必须喷一口水，右手持鬃刷子将水刷匀，再将剥下的10张湿纸揽在左肩与左臂上。

焙纸：焙屋一般建在通风当阳的高处，面积约20平方米。屋正中有一"人"字形大焙炉。焙炉长约6米，高约2米，底部为烧煤的炉膛，炉膛两边为焙墙。焙墙用竹片编织而成，外壁用泥、沙、石灰等物糊好磨光滑，以便将纸一张张褙在焙墙上焙干。炉膛是在地面上挖的一条约一米宽一米深的土沟，土沟的一端延伸至屋外，在此生火，焙墙上面有较高的温度用来焙纸。焙纸的人叫晒手。上焙墙时，晒手拿着启好的一叠（10张为一叠）已被启开角的纸搭在左手上，右手拿一鬃刷子，走到烧热的焙壁前，用嘴吸起1张纸，用鬃刷子托起，嘴巴一吹，刷子配合，将湿纸贴在焙壁上。如此反复，将10张纸贴完。焙壁一面的长度恰好是竖贴10张纸的长度。用同样的方法贴完焙壁的背面一版。背面一版贴完，正面一版的10张纸已经焙干，有的纸角已经脱离了焙壁，还没有脱离的，先用极薄的一块竹片将纸张的四周剔起，然后一张张剥落下来。如此反复地贴——剥——贴——剥。焙纸时，把握炉中火候是关键，火不宜过大或过小，焙墙温度应在30℃左右，不然会影响纸的质量和焙纸的速度。一个焙屋一般由一人负责操作，每次焙纸20余张，从上墙到回收，一般约5分钟左右，速度快者，一天焙纸1000多张（图1-2-9）。

图1-2-9　焙纸工序

12. 齐纸

齐纸即是将纸码整齐，将焙干后的纸以刀为单位齐好。刀是我国传统的对纸张的计量单位，通常一刀为100张，每15刀为一捆，30刀为一担（图1-2-10）。捆扎时，每刀纸对折成十叠，层层叠好后，外面用笋壳叶或其他物包好，再用竹篾上下扎两圈，这样就可以堆码了（图1-2-11）。

图1-2-10　齐纸工序

图1-2-11　土纸堆码

三、画稿绘制

1. 选纸

隆回是国家文化部命名的"中国民间绘画画乡"，滩头年画画稿都是由隆回当地农民画家所绘制，绘制年画画稿的主要工具材料是画版、铅笔、毛笔、排笔、颜料、纸张、胶粉等，其中颜料以广告颜料为主，纸张根据个人喜好一般为宣纸、高丽纸、水彩纸、水粉纸等。

2. 选题构思

根据绘画主题的需要和所销往的地区，先进行构思，滩头木版年画选用的都是当地民间喜闻乐见的题材，一般分为三类：一为神像类，二为寓意吉祥类，三为戏文故事类。

神像类题材主要以门神类为主。我国信仰门神的习俗由来已久，早在《山海经》中就有关于神荼、郁垒两位神仙的记载，汉代的画像石中也留下了神荼、郁垒的形象。富有商业头脑的滩头木版年画作坊主所印制的门神年画按照所销售的地区又可分成托货、广货和水货等类。托货主要销往全国各地和国外，画像多为民间信奉的神仙，以神荼、郁垒、秦叔宝和尉迟恭画像最为常见，老百姓称他们为门神，在民间流传着贴这些神仙的画像有驱鬼辟邪和镇宅安家的作用。广货销往广东、广西一带，这一带的百姓尊崇忠义之士关羽为"关公""关帝"，被当地百姓奉为门神和财神，因此广货的门神一般以印制关羽画像为主。为了迎合湘西、云贵等苗族聚居地区市场的需求，销往此地的滩头年画门神以苗族英雄神像为多见，称为水货，又叫苗货。据研究中国民间年画的王树村教授考证，以苗族英雄神像为门神，全国为滩头年画独有，这也反映出滩头年画生产商深谙市场需求之道的聪明才智。

吉祥寓意类题材，利用象征、谐音、隐喻等手法，以喜鹊、锦鲤、麒麟、蝙蝠、葫芦、桃、竹等为创作元素，表达老百姓期盼福寿绵长、子孙万代、福禄吉祥的美好愿景。例如《年年发财》《招财进宝》《麒麟送子》《一品当朝》《子孙万代》《和气致祥》等作品。

戏文故事类年画，以历史故事、戏剧故事、神话故事和传说为题材，如《西湖借伞》《花园赠珠》《桃园结义》《三英战吕布》《西厢记》《老鼠娶亲》等。

3. 画正稿

构思好以后，一般是先用铅笔在纸上打草图，反复斟酌，经过多次修改，直到自己满意。滩头木版年画画稿在构图特色上受到梅山文化的影响，画面构图饱满，人物造型粗犷，构图的特色体现出集中、对称、均衡而富有变化的形式美感。概括起来为"以一当十""以少胜多""疏可走马，密不透风""无画处皆成妙境"。从门神类的作品就不难看出这一特点，通常以主要人物来作为画面的视觉中心，辅助人物均衡地缩小在画面下方，集中概括，构图饱满而又有秩序，重点人物突出，主次分明，疏密有序，脚、手、道具安排巧妙，统一而富有变化，对称而不呆板。

4. 上色

根据滩头木版年画火红、艳丽的色彩，粗犷、夸张的造型等特点，画稿的用色非常大胆、对比强烈。滩头属于宝庆府，自古就是辣椒、黄姜、大蒜等辛辣食材的产地，滩头木版年画的色彩同样具有"三辣"的味道。在配色上使用大块面积的橘红、淡黄、品红与群青、翠绿、煤黑等对比色、近似色进行搭配，通过大小和面积合理配比，不受固有色的限制，以美艳为原则，色块分割中求统一，对比中求协调，艳而不俗，火而不辣。

5. 勾线

待到上好色彩后，最后需要勾墨线。滩头木版年画的用线刚劲挺拔，流畅有弹性，运动感强，强调装饰意味，有一种古拙的美感。滩头木版年画用线粗中有细，如人物外轮廓线和眉毛、胡须、衣带飘动的细节线条粗细各有不同，使得画面粗犷而不简单，整个人物形象的个性特点得以更好显现。

经过上述这些复杂烦琐的工序，一幅有特色的、完整的滩头木版年画画稿才算完成。每一道工序环环相扣，不能出现任何差错。

四、印版刻制

滩头木版年画的印版分为"线版"和"色版"两种。"线版"也称主版或着墨版，这种版使用的材料是本地的老梨木，因为这种梨木木质坚硬有韧性，适合雕刻，而且能够适应当地多变的气候。当地冬季阴雨天绵长，经常连续下一个月的雨，秋季又特别干燥，用这种老梨木刻的版能够长久不开裂、不变形，刻出的线条坚挺结实。"色版"是滩头木版年画中用得较多的一种，因为滩头木版年画是套色印刷，每种色需要一块版，分别称为红版、黄版、绿版、紫版。色版的材料可以用枫木做原料，但是由于枫木所做的色版用久了易变形，所以有时候我们看到的滩头年画会有色块错位的现象，这就是色版套印时出现偏差所致。甚至有的地方会产生飞白，但这无意中使得滩头木版年画又产生了另一种拙雅的艺术效果。

1. 贴样

刻制印版前画工首先需将描好的线条纸张画用胶水反贴在梨木版上，一定要将画贴平整、贴严实，以免对照雕刻时出现错误。

2. 涂油

等胶水干了以后，先用刻刀剔除梨木版外多余的画纸，再在梨木版的画纸上涂一层薄薄的香油，这样在刻版时画就不易变形，同时又增强了刻版时线条画的透明度。

3. 刻刀刻版

刻版时，师傅右手握住刀柄，左手拇指反作用力控制刀下部，保持速度和方向上的均匀和一致。刻版要有一定的气功基础，先用刻刀刻线条，线条下刀后要一气呵成，均匀一致，一般线条深有2厘米，关键地方要屏住呼吸，运刀时手不能有半点颤动，这样所刻出的线条才能细如毫发，自始至终保持粗细一致。否则，稍不慎将前功尽弃。

4. 立刀加深

如果线条需要加深，就用立刀进行操作。

5. 挖空

刻到一定程度，要用扁锉、狭锉将线条根部版空的位置进行挖空。遇到弧形线条，就要用圆刀来修制弧形线条，将转角版空挖空。由于印刷时的磨损，滩头木版年画的线版在使用一定时间后，线条会变粗。为保证印刷的质量，刻工师傅会定期进行修版。学徒只能刻色版，线版的雕刻对基本功和造型能力要求极高，一定要技术高超的老师傅主刀（图1-2-12）。一套年画的版子最多有14块，一般是12块。雕刻的时间进度就年画的尺寸大小而定，"托四"的大小为 50cm×40cm，约需刻 10 天；"托半"的大小为 70cm×50cm，需刻 20 天；"托全"的大小为 90cm×70cm，要一个月才能刻完（图 1-2-13）。

图 1-2-12　滩头木版年画刻版传承人刘国利在精心刻版

图 1-2-13　滩头年画《老鼠娶亲》刻版

五、年画印刷

滩头木版年画的套印主要工序包括：选纸、蒸纸、托胶、刷粉、配色、印刷、开脸、切纸。

1. 选纸

年画印刷所用的土纸纸质绵软柔和，吸水性强，不易磨损，耐腐蚀。所用画纸的尺寸有托全（即全开纸）、托二（托半）、托四。

2. 蒸纸

在蒸纸前需要先用竹篾片将纸紧紧扎成一捆，然后放入大的圆形木质桶内，桶的上方盖上布或塑料纸，一定要密封盖严，再将木桶放到大的荷叶铁锅上，隔水蒸煮约半小时。蒸煮后将纸一张一张地分开，晾晒在筷子粗的竹枝上。纸经蒸煮后才有韧性和弹力，不容易起泡，也不容易起拱。

3. 托胶

经"生纸"到"熟纸"处理后，在特制的木槽盆内放置胶矾水，将纸头穿插在细长竹条上，手托竹条，在纸的表面托刷胶矾水，称为"托胶"，又称"施胶"。经过托胶处理的纸，纸质柔软而不脆，不容易被撕烂，而且上色后色彩经久不褪。

4. 刷粉

所谓刷粉是将托胶后的纸用一种当地峡山口特有的瓷白而细腻的岩浆为原料进行刷粉。这种岩浆的采集就像是挖煤，需要深入到岩洞，从岩洞的岩石层中挖出来，经过晒干、研碎、漂洗等工序后，沉淀的泥浆就是粉，刷在托胶后的纸上，使土纸呈现出一种特殊的粉白色。刷粉后的土纸特别受色，故滩头年画印刷后的色彩格外润泽、鲜艳、厚重，有浮雕一样的效果，经久不褪色。

5. 配色

滩头年画最大的特色之一就是色彩艳丽，民间艺术使用的颜料除橘红（当地称黄丹）、煤黑（烟子）外，其他都用品色颜料，如玫红（品桃）、群青（品蓝）、淡黄（品黄）、翠绿（品绿）等。在品性颜料中，相互调配，能调制出不同色相和深浅的颜色。调配颜料的水需要用当地清澈的溪水，在颜色里还要配进篙子水（当地一种形如柿子的植物的胶液）、石灰明矾混合液、白胶泥，使印刷时产生一定的机理，这样调配出的颜料才鲜艳。为便于印刷过程中的套色，滩头年画追求以很少的颜色达到更好的视觉效果。年画艺人在配色过程中，充分运用色块面积的比例、位置的搭配等方式，使年画能在有限的套色中，产生出丰富的视觉色彩效果。此外，玫紫是极具楚南风味的中性颜色，让滩头年画在全国各地的年画中更加显得与众不同（图1-2-14）。

6. 印刷

每年滩头木版年画的印刷一般要到中秋时节后才开始，主要是因为这个时节的气候和温度最适宜，天气干爽雨水较少，黄色和品红印后不会变黑。印刷时首先在案桌上夹好纸，为了方便在套印时校正用，需要先印2～3张用来做参考。滩头木版年画的印刷属于套色印刷，总共有六道色版，印刷的先后顺序是：1黄版、2绿版、3蓝版、4橘红版、5玫红版、6煤黑版。印刷的过程要注意，按照先后顺序，在印完前一种颜色晾干之后才能再印下一种色，当所有的色版印完后最后才印墨版（线版），再印年画的头子。

7. 开脸

"开脸"包括了勾鼻子、涂口红、点眼珠、打胭脂、描眉毛、画胡须等十多道手工工序。所有的工序和人物面部的细节由作坊的绘画师傅用手工进行填描修图，通过后，才算全部完工。开脸在神像画中应用最多（图1-2-15）。开脸是最高技术活，在一叠叠画幅上的脸部，画工要把每一张年画中人物的眼睛、眉毛、鼻子、胡须、腮红画得完全一样是极不容易的，因为手工的绘制和印刷不同，存在误差在所难免。年画作坊主在检验画师的描修质量时，常常会选择人物眼角或画面的某一部位，用大头针将一叠年画一刺到底，如果每一张的针刺部位丝毫无差才算画功优良。年画作坊常以此来评定画师的级别。

图1-2-14 滩头年画作品《财神菩萨》

图1-2-15 年画艺人为尉迟恭点眼珠

8. 切纸

把印好的年画一叠叠在裁桌上用压杠固定好，再用特制的弯刀切好边，堆码后便完成年画成品（图1-2-16、图1-2-17）。

滩头木版年画经历了数百年的风雨洗礼，在新时期重获新生，一路从岁月中走出来，又以崭新的姿态呈现出蓬勃发展之势。如今，滩头木版年画已经远涉重洋，成为英、美、日等多国大型博物馆的珍藏。2001年，中央民族乐团在俄罗斯、法国、中国香港等地巡回演出，内容是以近 10 幅唐、宋、元、明、清等不同风格的年画作品为命题。"楚南滩镇"木版年画《老鼠娶亲》出现在天幕上，与幽默诙谐的音乐相互辉映，获得了国际观众的一致好评。2009 年 5 月，全国政协常委、中国文联副主席、中国民间文艺家协会主席冯骥才先生来隆回考察后提笔题词："隆回民艺浓似酒，滩头年画艳如花。"

图 1-2-16　滩头木版年画作品《秦叔宝和尉迟恭》一

图 1-2-17　滩头年画作品《花园赠珠》

第三节　滩头木版年画的艺术特征

滩头木版年画与国内其他地区的年画相比，自成一格，别具风格。与北方的北京年画、高密扑灰年画、梁平年画，南方的广东佛山年画等木版年画相比，滩头年画很少受到其他画种的影响，保留着淳朴、稚拙、幽默的原生态美感特色，更具有一种强烈的原始生命力。它朴素、大方、稚拙，散发着浓郁的泥土芳香，并以浓烈的湖南"辣味"而独放异彩。

一、色彩上的艳丽火辣

滩头年画以色彩艳丽、饱满，对比强烈，图像造型的古拙、夸张而著称。在色彩上选用高饱和度的紫色、绿色、红色、橙色，这些都是非常艳丽的色彩，体现出当地百姓大红大紫的民间审美趣味。滩头年画用色艳丽、鲜明、对比强烈，能给人以兴奋、欢快而热烈的视觉张力，装饰性强，形成了自己独特的用色理念。邵阳隆回地区盛产辣椒、黄姜、大蒜，这里的民众喜食这些辛辣的食材，到了无辣不欢的程度，因为这里气候潮湿，食用辣椒能够让人体去除一部分寒湿之气。在民间美术的用色风格上，也是火辣热烈，冷暖对比强烈。滩头年画印刷时要按照一定的色彩顺序进行，首先印黄色再套印绿色、品蓝、橘红色、玫瑰红色、煤黑，每种色彩相互交融，产生出一种凹凸有致的浮雕效果。

滩头年画浓烈的色彩搭配受到了至今留存的巫傩文化的影响。因为滩头年画的产地处于巫傩文化兴盛的梅山地区，其色彩风格浓烈、艳丽、饱满，与巫傩文化所推崇的色彩思想非常相似，像梅山地区用于祭祀的巫傩面具就非常强调面具色彩的夸张、大胆、热闹。在民间画工中流传有"红配黄，喜煞娘"的俗语，意思红色和黄色的组合能让人非常欢乐，可见滩头年画对红、黄、绿、紫等纯色非常崇尚。而且，这些色彩都是非常醒目的颜色，最能引起人们的注意（图1-3-1至图1-3-4）。

滩头年画喜用品红色的色彩观，与楚人先人拜日、崇火、尊凤的原始信仰分不开，这些原始信仰来自楚人对于自然的崇拜。日神炎帝和火神祝融是楚人的先祖，在今湖南境内有炎帝陵和祝融峰。在古代社会，人们认识自然的能力极为有限，对自然界很多现象都存在敬畏之心，而日与火都是光明与温暖的来源，人类有日与火才得以生存和繁衍，而日与火的光焰又皆为红色，因此楚人崇火拜日，继而在许多的民间美术中，都体现出了对红色的崇尚。

图 1-3-1 滩头年画作品《南海观音》

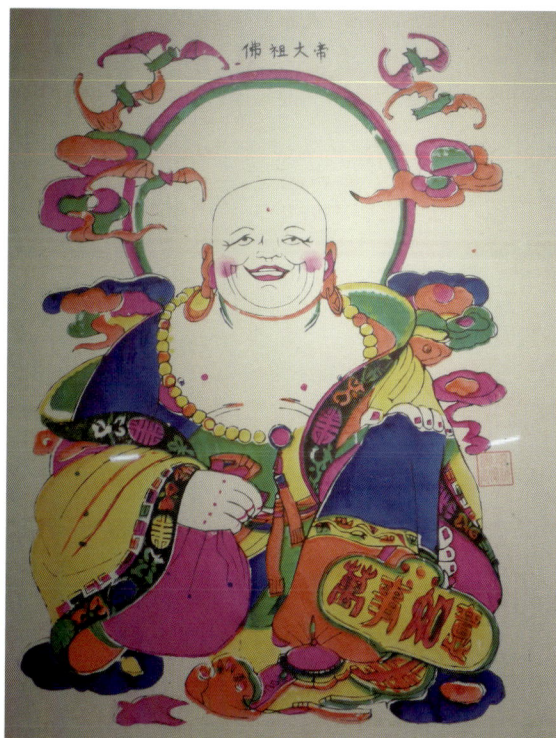

图 1-3-2 滩头年画作品《佛祖大帝》

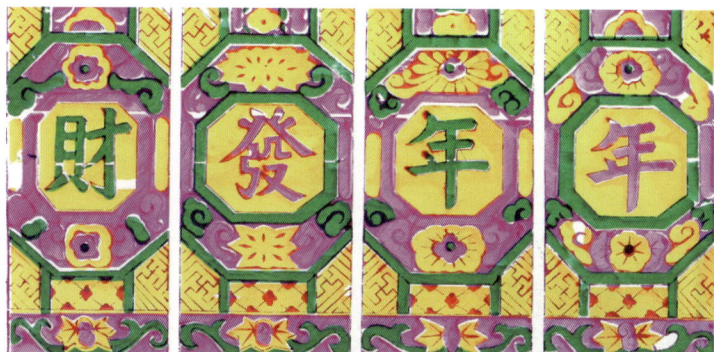

图 1-3-3 滩头年画窗花《年年发财》

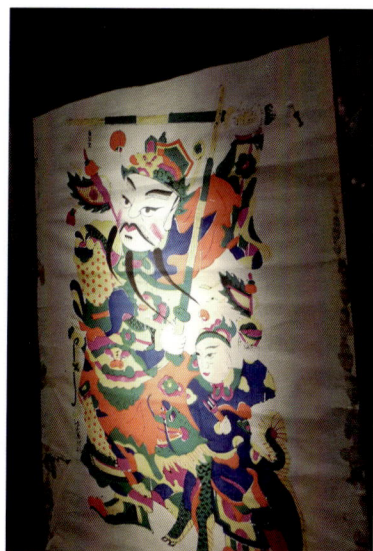

图 1-3-4 新年贴门神

二、造型上的程式化

在造型上，受到梅山文化的影响，滩头木板年画人物造型线条粗犷、夸张，讲究形象的似与不似，求"神"而不求"形"，给人以全方位的自然感觉，反映着当地人民单纯、朴实、健康与乐观向上的思想情感和社会现象，对我国美术创作与民间美术的发展有着一定的现实价值和理论价值。滩头木版年画是湖南省唯一的手工木版水印年画，是国家级非物质文化遗产保护名录的传统美术项目，以浓郁的楚南地方特色自成一派，纯正的乡土手工抄纸材料和独到的印刷雕刻工艺，使作品具有浮雕一般的艺术效果。滩头木版年画在表现不同类型的人物时有一套自己的造型技法。如表现武将时，通常着装和服饰上会头戴黄龙青缨火蓝盔，身披鱼鳞甲，穿牡丹双龙戏珠袍，腰横七宝鳞绡带，足蹬银虎皮靴，腰跨青龙剑，美髯前胸飘（图1-3-5），有时坐骑一匹枣红驹。在表现美人形象时，则通常用传统的仕女图中的美人造型，以标准瓜子脸、鼻如胆、樱桃嘴、蚱蜢眼、笑不露齿为主要形象设计。受农耕文化的影响，在表现娃娃的时候一定要是肥肥的胖娃娃。在湘西南地区的乡土文化中，胖是一种健康和福气的象征，标准的圆脸，肥嘟嘟的下巴，眉宇间的红痣，这些是吉祥娃娃的象征。如图1-3-6这幅《马到成功》的年画，吉祥娃娃跨坐彩色骏马上，肩扛如意，手拿"马到成功"的条幅，花花绿绿的服装，骏马也全身上下被装饰得五彩缤纷，整幅画透露出一片欢乐喜庆的氛围。在表现庄稼汉

图1-3-5　滩头年画作品《苗族英雄》

图1-3-6　滩头年画作品《马到成功》

时，一定要绘制壮实的体型，然后通过薄薄的衣裳透出壮士坚实的肌肉。人各有才，形简而不乏其味，造型上的程式化是滩头木版年画的又一艺术特征（图1-3-7、图1-3-8）。

图 1-3-7　滩头木版年画作品《马上报喜》刻版

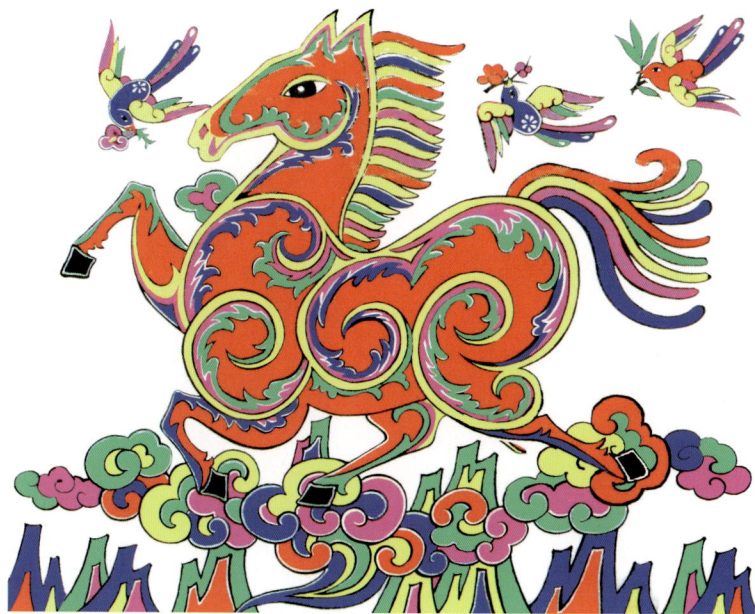

图 1-3-8　滩头木版年画作品《马上报喜》

三、构图的饱满有序

滩头年画在构图上讲究饱满，整个画面主次有序，主要人物和角色通常被安排在醒目的中间位置，主要人物的塑造也更为精细，次要人物均衡地缩小在下部。滩头年画喜用对称的手法来构图。对称也是中国传统的美学思想，是在很多的民间美术中都会用的形式美法则。从门神类的作品就不难看出这一特点，以主要人物来突出构图中心，如门神年画《秦叔宝和尉迟恭》，重点突出秦叔宝和尉迟恭两位主要人物，他们手持兵器，威风凛凛；在他们的下方，安排了许多小个的次要人物围绕着这两位主要人物，他们手持玉如意，身跨麒麟，整个画面无一空白，却显得主次有序，视觉流程清晰（图1-3-9）。滩头木版年画的雕版用线刚劲概括，具有强烈的运动感，如人物头发、胡须、衣服的飘动感；在用线时雕刻师注意笔随形走，如门神秦叔宝的眉毛胡须粗细有致，注重纹理等线条的节奏，具有浓烈的装饰意味，使形象个性特点得以更好地张扬。

图1-3-9　滩头木版年画作品《秦叔宝和尉迟恭》二

四、寓意的喜庆吉祥

　　滩头木版年画通常是用有吉祥寓意的事物来表达人们内心的某种希望与祝福（图1-3-10至图1-3-14）。如年画《招财进宝》取材于民间传说，但赵公元帅的坐骑被工匠艺人巧妙地由虎改成了麒麟，因为在当地的老百姓心目中，麒麟是祥瑞的象征，可以更好地满足老百姓祈

图 1-3-10　《喜庆三元》

图 1-3-11　《子孙万代》

图 1-3-12 《麒麟送子、长命富贵》

图 1-3-13 《福》

图 1-3-14 《禧》

求招财进宝和五谷丰登的心愿。图1-3-15的年画《秦叔宝和尉迟恭》人物头部夸大，身躯宽阔，头身比例有卡通Q版的可爱笨拙的美感，整体形象却给人威严孔武有力之感。跟随着的童子手持由潍头年画艺人自创的集莲花、梅花、百合花特征于一体的花，寓意年年有余、梅开五福、百年好合。作者大胆地将其叶子用了饱和度非常高的原色，烘托出新春佳节里一片欢乐祥和的气氛。年画《和气致祥》整个画面以"圆"形来组成，人物头部与身体躯干为两个圆形，然后共同组合成一个大圆形，衣服上的纹样和如意也是"圆"的造型，体现了以和为贵的传统思想和圆通的处世哲学，非常符合该年画的主题思想。通过如意手版和衣纹的细节刻画，详略得当，疏密有致，完美地突出了主题，体现了巧妙的构图形式（图1-3-16）。

图1-3-15　潍头木版年画作品《秦叔宝和尉迟恭》三

图 1-3-16　滩头年画《和气致祥》刻版

第四节　滩头木版年画的传承人

　　滩头木版年画历经岁月的洗礼和时代的更迭变迁，能够一直得以传承和发展，离不开具有工匠精神的滩头年画传承人，是他们默默耕耘，潜心钻研和坚守，滩头年画制作技艺才能得以延续和传承。

一、国家级传承人高腊梅

　　高腊梅（1933～2014），女，1933 年出生，其所创办的高腊梅年画作坊制作的滩头年画代表了滩头年画制作的最高水平，其祖传的滩头年画印制技法有已 100 多年。在"文革"时期，滩头年画被定为迷信产品，当时为了保护祖传的雕版，高腊梅把雕版藏在了地窖里，才使这珍贵的民间美术得以保存。《人民日报》《光明日报》《湖南日报》，以及中央、省、市、县电视台等各大新闻媒体都对滩头年画高腊梅作坊做过专题报道。

二、国家级传承人钟建桐

钟建桐（1965～），男，隆回县滩头镇人。钟建桐是高腊梅的儿子，从读小学开始，便一直利用课余时间和节假日跟随母亲学习选纸、凿花，跟随父亲学习刷香粉纸、印制年画。他勤奋好学，经过几年的学习便掌握了蒸纸、调色印刷纸、印刷年画等技艺。2006年，滩头木版年画被列入国家第一批非物质文化遗产名录，钟建桐向所在单位提出申请，从县检察院请假，回家传承滩头年画制作技术。现已建立木版年画技艺讲习所，收徒传艺，为滩头年画的传承做出了突出的贡献。

三、国家级传承人刘国利

刘国利（1974～），男，1974年出生，隆回县滩头镇人，滩头年画印版雕刻第三代传人。他的父亲刘宝南14岁就师从滩头有名的雕刻大师高福昌学习雕版，其雕刻的年画印版、月饼模、粑印等技艺在滩头小有名气。2017年12月28日，刘国利入选第五批国家级非物质文化遗产代表性项目代表性传承人推荐名单。

刘国利从小受父亲潜移默化的影响，喜欢雕刻。初中毕业后，刘国利向父亲拜师学艺，他经常认真观察父亲雕刻印版，边看边问边揣摩，把雕刻程序、运刀技法熟记在心。父亲尽心教，儿子认真学，没几年，他就把父亲的雕刻技艺学到了手，成了远近闻名的雕刻师。

每次雕刻年画印版时，刘国利都是将选好的年画样品，反贴在梨木版上，先用母刀划线，再用平刀刻版，然后陡刀立线，最后用平刀起杂，每一道工序都严谨细密，从不敷衍了事。因为他深记父亲的教诲，知道若跑刀或偏线，哪怕只有零点零几厘米，都会使印出的画变形走样，影响画的品质，甚至使印版报废，前功尽弃。由于长期手握刻刀，他的手上磨起了厚茧，但是技艺已青出于蓝而胜于蓝，那厚厚的梨花木板到了他的手下，如同泥做的坯胎在他的刀下转换，那木屑像泥一般溅出之后，活生生的人物、动物就在木板上呼之欲出，干净利索，自由浪漫！其作品《老鼠娶亲》《麒麟送子》《和气致祥》等被《中国木版年画集成·滩头卷》（冯骥才，中华书局，2017）一书登载。2011年，他筹措资金在自家建立了滩头年画"福顺昌"作坊。在继承传统年画刻版的基础上，不断着力于作品的创新，并拜滩头木版年画传承人邓子军为师学习年画的印制，现已掌握了年画调料、配色、套印等基本要领。2013年，刘国利创新出《孔融让梨》《刺股求学》《闻鸡起舞》等励志故事微缩型印版。

四、省级传承人尹冬香

尹冬香（1975～），女，1975年10月出生，隆回县滩头镇南长安街人。父亲尹尚生是当地有名的年画师傅之一，曾在滩头镇香粉纸厂、义生和作坊做师傅。在父亲的带领下，尹冬香

8 岁时就开始学习穿纸、托胶等年画印制的基本技艺。16 岁时，尹冬香便开始在滩头镇高腊梅年画作坊做帮工，接触年画生产全套技艺，从此爱上了滩头木版年画的制作。

尹冬香从小家境贫寒，自家无法建立作坊，但艰苦的条件没有阻止她对木版年画印制技艺的学习。她一边在年画作坊做帮工，一边利用空闲时间在家不断琢磨练习年画印制，父亲也对其进行精心指导，希望她能通过这一门手艺养家糊口。由于尹冬香勤奋好学、心灵手巧并善于请教，不几年，便娴熟地掌握了木版年画的全套技艺，她印制的年画也得到了滩头木版年画业界的认可，滩头的一些年画作坊也纷纷聘请她担任技师，在大多数工人中，她印制的年画作品最受作坊主人和客户的喜爱。

2016 年 11 月～ 12 月，尹冬香进入上海大学美术学院学习深造，在年画的构图、配色、印刷等技艺上更进一步。从此，她的年画印制技艺也在更大的舞台得以展示。近年来，尹冬香多次代表滩头木版年画参加各种展示展览活动，2016 年 11 月携带《福》《寿》及《吉娃送福》等年画作品，分别参加邵阳市妇联承办的巾帼展销推介会和邵阳市孔雀花园展；2017 年 6 月，尹冬香携其创新作品《吉娃送福》，赴成都参加第六届中国成都国际非物质文化遗产节、中国传统工艺新生代传承人竞技与作品展，并荣获"新生代工匠之星"称号。2017 年 8 月 26 日～ 9 月 2 日，由娄底市民间文艺家协会主办、娄底市文臻文化传播有限公司协办的"重拾文化记忆——尹冬香滩头年画个人作品展"在娄底市首个民间非遗馆——海文非遗馆举行，尹冬香现场进行了年画技艺宣传展示，受到了当地民众的一致好评。

五、市级传承人钟石棉

钟石棉（1962 ～ ），男，1962 年出生，滩头木版年画国家级传承人钟海仙、高腊梅夫妇的儿子。1981 年中学毕业后，先后在隆回县造纸厂、自来水公司工作。钟石棉从小受父母的熏陶，喜爱木版年画艺术。20 世纪 80 年代初，一直利用业余时间跟随母亲学习凿花，随父刷香粉纸、红纸和印制年画。参加工作后，他利用休息日偶尔在自家年画作坊帮助爸妈印制年画。2007 年 6 月，为了不辜负父母的期望，也为了让滩头木版年画印制后继有人，钟石棉经隆回县人民政府特别批准回家学习年画印制。

通过自己的勤奋学习和刻苦钻研，在父母的指导下，他先后学会了选纸、蒸纸、托胶、刷粉、切纸等一系列工序。经过不断实践，他也逐渐掌握了配料，印刷，描眼影、眉影、胡须，开脸等年画印制的闭门绝技。功夫不负有心人，现在钟石棉不但能独立印制年画，还使印制出的作品更具立体感，层次更分明，人物更传神。

2009 年 5 月，中国文联副主席、国务院参事冯骥才先生亲临高腊梅年画作坊，钟石棉现场为其演示年画印制。观看钟石棉印制的年画成品后，冯骥才对其技艺赞不绝口，并亲笔题词："隆回民艺浓似酒，滩头年画艳如花。"

钟石棉在年画传承过程中，不但继承传统，还注重创新。除了印制父辈传下来的《老鼠娶亲》《和气致祥》《门神尉迟恭》等传统年画作品以外，他还较好地完成了创新作品《一钱太守》《深夜拒金》《以廉为宝》《两袖清风》4幅廉政年画的印制。2012年，根据市场需要，他又主动对传统年画《钟馗捉鬼》进行了改版创新。2013年，又成功印制了创新生肖年画《马到成功》和《马上报喜》。钟石棉创新印制的年画，赋予了时代的气息，更具艺术魅力，赢得了社会各界的好评。

六、县级传承人邓子军

邓子军（1974～），男，在滩头金玉美年画社工作。2005年10月开始学习制作滩头木版年画，对裁纸、托胶、装订、刷纸、配料、调色、印刷、开脸等都进行了学习。2008年6月至今能单独进行滩头年画制作，并携带作品参加两届非物质文化日展示展演。滩头年画排版困难，邓子军根据自己所学的机械原理，缩短了排版时间。2008年12月参加中国首届木版年画展——河南开封朱仙镇画展，获得专家和艺人的一致赞誉。2009年5月25日国家文联主席、国务院参事冯骥才来滩头考察时对其作品给予了高度评价。2011年，邓子军被评为滩头木版年画县级非物质文化遗产杰出传承人。

第五节　滩头木版年画的现代文创产品设计

滩头年画是一门综合的艺术，需要在设计上有创新、内容上有创意，审美趣味和传播方式都要有更新，才能够适应和跟上时代的发展，更好地适应现代人的喜好和生活。滩头木版年画近年来越来越注重内容的创新，希望做到与时俱进（图1-5-1）。从2013年开始，陆续创新推出了新年生肖年画，如滩头木版年画《马上报喜》《三羊开泰》《金猴献瑞》《诸事如意》等系列。2019年猪年的《诸事如意》年画中，利用"猪"和"诸"的谐音，寓意吉祥。画面中一个头戴冠帽的猪，左手手持如意，扛在肩头，右手拿着一锭金元宝，在其下方有五只小猪，意为五子登科、五福临门，这套雕版的年画受到了大家的欢迎，销量非常好（图1-5-2）。

为了紧跟政府和时代的步伐，在党的廉政建设的号召下，高腊梅滩头木版年画作坊创新性地推出了弘扬廉政系列年画，这些作品有《一钱太守》《两袖清风》《深夜拒金》等（图1-5-3至图1-5-6）。廉政系列的年画以历史典故廉政故事为题材，在构图上以清官为画面的主要人物，位于最中心的位置，比例也是画面中最大的，其余人物分布于四周；在画面上运

图 1-5-1　滩头年画贺岁新作《猪福吉祥》

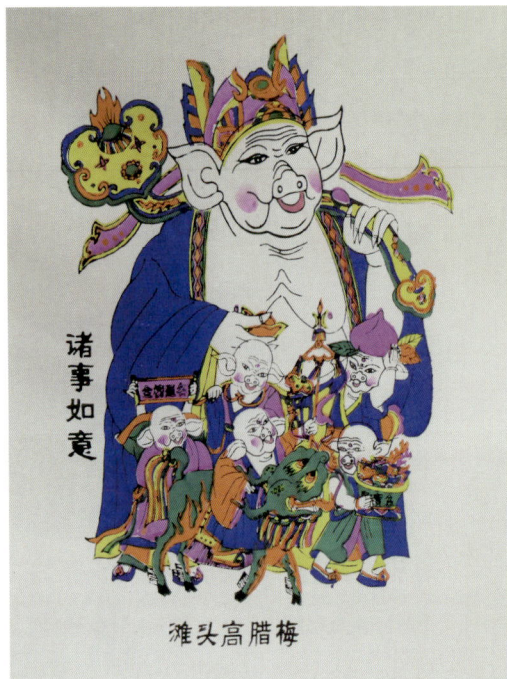

图 1-5-2　滩头木版年画新年贺岁作品《诸事如意》

图 1-5-3　滩头年画作品《一钱太守》

图 1-5-4　滩头木版年画作品《两袖清风》

图 1-5-5　滩头木版年画作品《深夜拒金》

图 1-5-6　滩头木版年画作品《一品当朝》

用了西洋画中的透视法。《一钱太守》中宣读圣旨的太监公公，双手握着展开的圣旨，手持拂尘，站在太守的后面，他身旁的马在回望，牵马的小吏目光看向站在他左边的太守，太守下面跪着的是贡献钱财的百姓，画面的视觉中心为太守，画中所有人的目光都看向太守方向，构图十分巧妙。

　　2018 年 9 月中旬，滩头木版年画到东欧展出，同期还参加了由文化和旅游部、山东省人民政府主办的第五届非遗文化博览会，吸引了络绎不绝的海内外观众驻足端详。2019 年 1 月 2 日，滩头木版年画贺岁生肖主题新品发布会在长沙雨花非遗馆举行，贺岁生肖年画《诸事顺意》获得市民的好评。生产商和经销商携手并进大力创新，滩头木版年画取得了非常好的社会效益。目前，年画的经济效益也节节高升。福美祥作坊老板尹冬香女士说："我们近年来的年画销售呈大幅上升趋势，2015 年销售了 400 至 500 幅，到了 2016 年已经达到了 2000 幅，在 2017 年销售了 5000 幅左右，2018 年，计划是上万幅吧。"于 2016 年成立的溆水壹号文化发展公司，专门从事滩头年画等非物质文化遗产的创新设计，建立了隆回非遗推广平台官方网站和淘宝网店，设计制作了一些滩头年画相关的非遗文创产品，如滩头年画新年红包就得到了广大消费者的喜欢（图 1-5-7）。

图 1-5-7　滩头年画新年红包

图 1-5-8　滩头年画礼盒装

　　传统的滩头年画尺寸普遍偏大，如果携带到海外非常不方便，尤其是整套携带。所以，2018 年的滩头年画文创产品设计，在尺寸上进行了思考，做出了微缩版。不管是卷起来携带，还是一整套作为册子携带，都是比较方便的（图 1-5-8）。

第二章　花瑶挑花

第一节　花瑶挑花的人文历史

花瑶地区位于隆回县西北部，覆盖虎形山乡、小沙江镇、大水田乡、麻塘山乡等乡镇，共有7000余人，号称"八百里瑶山"，瑶山文化是梅山文化的重要组成部分。

由于地理位置处于雪峰山脉，海拔高而险，深山之中每年十月份就开始大雪封山，冬季特别漫长。特殊的地理环境和气候，使得中华人民共和国成立前这里的瑶民与外界互通往来较少。长期生活于封闭的自然生存环境中，使得花瑶的民俗和花瑶文化较少受到其他民族文化的影响，一直保存着浓厚独特的本民族特色。中华人民共和国成立后，政府高度重视花瑶文化的保护，特别是在2006年建立了国家第一批非物质文化遗产保护名单，花瑶成功立项了两项国家级非物质文化遗产项目，越来越多的学者专家开始研究花瑶文化，花瑶的神秘面纱逐渐被揭开，花瑶之美像一幅画卷徐徐展现在世人面前。

隆回花瑶是瑶族的一个分支，因其女子喜着艳丽斑斓的五彩挑花服饰，故而得名。根据奉恒高主编的《瑶族通史》记载，花瑶有十二大姓氏，分别是奉、沈、杨、刘、步、回、唐、蒲、严、丁、兰、梅等。花瑶民风淳朴，人民热情奔放。花瑶民俗奇特，那里讨僚皈、讨念拜、打泥巴等习俗新奇神秘。花瑶民艺精美，挑花工艺精湛，是一个只有几千人的少数民族分支，非物质文化遗产资源丰富，拥有国家级传统美术类非物质文化遗产——花瑶挑花、国家级传统音乐类非物质文化遗产——呜哇山歌、省级民俗节日类非物质文化遗产——讨僚皈等。由于花瑶只有语言，没有文字，主要的民俗活动和历史人物事件是通过山歌和挑花的形式记录的。呜哇山歌和花瑶挑花之中即记录了他们民族重大的事件和活动，因此，传承好花瑶挑花对保护花瑶历史文化也具有同样重要的意义。讨僚皈为隆回花瑶的传统节日。讨僚皈一年一度，时间是农历七月初二至初四，举办的地点在小沙江茅坳。讨僚皈的来历有一个传说故事，相传元朝末年原聚居于江西吉安的瑶民先祖，因受当地统治者的歧视和镇压而被迫外逃。走不动的老弱妇孺，见追兵杀来，情急之中躲于黄瓜、白瓜棚下，躲过一难。此后为了感谢黄瓜、白瓜，以这一天为纪念日，瑶民约定每年七月初二以后方能吃黄瓜、白瓜（图2-1-1）。

图 2-1-1　隆回花瑶传统节日"讨僚皈"盛况

　　花瑶挑花的由来已经没有史料记载，据花瑶的老人口述，关于花瑶挑花的由来有一个非常美丽的传说。瑶族的一位奉姓小姑娘担柴路过一片原始森林，因为被沿途的美丽风景吸引，不知不觉迷路了。在山腰处有一块巨大的岩洞，只见洞内一片金碧辉煌，岩石上坐着一位妙龄少女，穿着色彩斑斓的带有花纹的服饰。少女见到小姑娘说："我等你多时了，你需要我的帮助吗？"小姑娘说："您身上的衣服好美啊，如果你能教我怎样绣出同样花纹的裙子，我就满足了。"此后小姑娘每天都到岩洞里跟着少女学习如何将美丽的花纹绣到裙子上，待到她学会了绣花图案，第二天想要到岩洞好好谢谢那位少女时，却发现少女不见了，她坐过的岩石上面幻化出了许多美丽的图案，绚丽多姿，香气馥郁。附近的瑶族女子闻到香味都纷纷前来观赏，大家围着花盘，翩翩起舞，并把这种花纹作为吉祥的象征，瑶语称之为"杯干约"。大家学着小姑娘的针法，都把花纹绣到裙子和衣服上，一传十、十传百，久而久之，传遍了瑶山，这就是现在花瑶挑花的由来。花瑶挑花工艺的诞生寄托了花瑶女子对美好生活的追求，是花瑶女子心灵手巧的智慧结晶。每一件挑花衣裙都是一个女子美丽的心境，静静欣赏，能将心灵带入一个美妙的世界，因为挑花作品的一针一线都寄托了女子在创作时的愉悦心情。另一种关于花瑶挑花起源的说法是，在明洪武元年（1368 年）的一天，瑶族姑娘在岩壁上玩耍，突然发现岩壁上丛生绿色花朵，十分漂亮，心灵手巧的瑶族姑娘们，便模仿此花的形态在自己的服饰上挑刺成图案，这就是流传至今的花瑶挑花基本图案"杯干约"。

　　花瑶挑花技艺是位于雪峰山脉的瑶人所独有的，具有鲜明的地域特征。其他民族和地方的刺绣均需要打样，但花瑶挑花无须起稿也不用打样，从第一针开始，一边挑绣一边观察走针，图案形态了然于胸，不得不说这是非常考验造型能力的。早在汉代，就有典籍对瑶族服饰做出过描述，《后汉书·南蛮传》记载，瑶族先民"积绩木皮，染以草实，好五色衣服，裁制皆有尾形"，说的就是花瑶的服饰。至今，花瑶妇女依然爱穿挑绣花服，头巾用红、黄两色毛线挑刺花纹图案，两端挂着丝线球、亮珠丝彩等，美丽的服饰衬托得花瑶女子鲜艳夺目、光彩照人。花瑶服饰款式繁多、色彩艳丽、图案新奇、工艺精美，花瑶服饰之美源于传统技艺花瑶挑花（图2-1-2、图2-1-3）。

图 2-1-2　花瑶女子五彩斑斓的服饰

图 2-1-3　互相研习挑花技艺的花瑶女子

第二节　花瑶挑花的工艺流程

花瑶挑花源于汉代，据汉代史籍记载，瑶族先民"好五色之衣"，服饰有"五彩斑斓"的特点。花瑶挑花工艺主要运用于女子的服饰上，如头巾、衣领、袖口、裤管、筒裙的美化等。基本步骤为：穿针引线——挑花——缝合（筒裙缝合、衣襟缝合、袖口缝合）。它的工艺之所以与众不同，是因为花瑶女子挑绣过程中，完全不需要借助描图，也不需要模具，全凭灵巧的双手和聪慧的大脑，根据粗土布的经纬线飞针走线。她们让图案对称和大小一致的办法就是数纱，每一针间隔数根纱，以此来保证图案花纹的大小和形态结构对称。花瑶女子挑绣的图案线条疏密有致，正面呈现的是十字针法，背面呈现的是一字针法。通常先挑绣好画面中主要的图形，然后再根据主图案，在四周点缀花草装饰，图案动静相济，色彩对比鲜明，具有强烈的视觉冲击力和严谨的对称性。

花瑶挑花的基本工艺流程如下。

一、选料

首先选购挑花用的工具材料——布、线、针。挑花所用布料原本必须是经纬线十分明显的土布，但现在很难买到这种家织布，一般改用粗糙的化纤尼龙布。与家织布相比，尼龙布经纬线更清晰，而且不容易起毛，所以就挑花走针来说，尼龙布更加合适，只是缺少了传统花瑶挑花的质感。做筒裙、前摆用藏青色或深蓝色布，绑腿、袖口用白色布，腰带用黄、白或红色布，裙边用红布。花瑶挑花主要是应用于女子的服装，因此，用料的多少和长短要根据服装主人的高矮胖瘦来定。针为小号绣花针，多为11号、12号、13号针。线一般用白纱线、五彩纱线和毛线，一定要坚实耐用，不容易断也不会产生毛边。挑花所用的针是普通的缝衣针，但要注意的是不能用太大的针，否则挑刺的花纹图案就会不太精细。

筒裙由前面的"固补"、后两页挑花裙布、白色裙头布和红色底边四部分组成。固补一般高50～60厘米，宽40厘米；红底色边约5厘米；后两页挑花裙布拼接成高50～60厘米、宽100厘米的裙布主体；白色裙头布长约120厘米，高10厘米（图2-2-1）。

图 2-2-1 筒裙展开照

过去的绑腿白布一般高33厘米，长约390厘米，挑制绑腿大概需要40天的时间，现在经过艺人的改良，绑腿的挑花节约了一半的时间。根据不同人的情况而定，通常身材中等的青年，上边42厘米左右、下边39厘米左右。

花瑶女子服饰另外一个非常有特色的地方就是头盘。根据花瑶地区的民俗，头盘是姑娘的成人礼，未成年的女孩子是不能够戴头盘的，只有等学会挑花技艺和编织头盘彩带后，才会缠头盘。

图 2-2-2　花瑶女子改良的头盘

头盘也是用五彩毛线挑绣成的固补，一圈一圈地缠绕在头上，外形像极了一个漏斗状。以前，头盘需要自家姊妹的帮助才能缠好，缠绕一个头盘需要花费两、三个小时，非常花费时间。后来，花瑶挑花国家级传承人奉雪妹通过创意改良，将织好的固补缠绕在竹编的斗笠状框架上，这样可以随时随地地摘戴，十分轻巧方便（图 2-2-2）。

传统腰带一般用红色和黄色两种靓丽的颜色挑花，形制为 11 节以上，总长 90 厘米左右。现在经过改良的腰带多为一条长约 60 厘米、宽约 10 厘米的整块腰带，穿戴起来方便，也更加省时间。

二、构图

构图也就是图案组织。花瑶挑花的构图方法多样，构图骨骼大气，这与花瑶民族豪爽的性格分不开。花瑶挑花的图案布局有传统纹样的四方连续、二方连续，也有平衡对称的画面构图。挑花的基本程序是这样的：一种是传统老花挑法，从一处开始，不论主次，一个一个图案铺开，然后曲折返回加挑一层；一种是现代新花挑法，先挑出主图案的轮廓（类似线描），接着从一处开始将主图案填满一层，再挑次图案、辅助图案、上花边，然后填空，最后加挑一层。需要特别注意的是，花瑶主体筒裙图都是由两片对称图案组成的，在挑好一片后，另一片必须对照前一片的图案，往相反的方向，一针一针数着布纱挑，一旦多数或少数了布纱，图案就会走样，不再与前一片相同、对称。

1. 对称法

花瑶女子喜穿筒裙，筒裙结构的主体是由两片图案相同对称的挑花左右对接而成，在挑花裙子前后各对称拼接上一块"固补"。"固补"通常是用红、黄两色的毛线编织而成的彩色几何纹样，呈现二方连续的构图，这种服饰前后左右对称，让挑花的图案看起来很有相向而行的运动感（图2-2-3）。

图 2-2-3 花瑶女子服饰固补

2. 均衡法

传统花瑶挑花图案具有一定的程式化特征，裙子的主体部分一般由上、中、下三条平行横向图案组成，因为是分左右两片挑绣再对接的，横向图案是平行方向对称的。在挑花的构图上，很讲究均衡的形式美感，通常画面的中间部分为主体，所占面积最大，挑绣的主体图形一般以两只或多只相对的动物，或者两个或多个相对的人物，或者几组相对的大植物花为主体，在空白的地方再填充其他细小的纹样，画面的上下左右都对称而均衡。

3. 重复法

重复法是花瑶挑花基本的图案形式。所谓重复法是同一纹样按照一定的规律上下左右重复，有规律地出现在画面之中，呈现出上下左右四个方向的反复，产生一种富有节奏和韵律的形式美感。通过花鸟、飞禽、走兽、鱼虫的图案延续，运用这种分割形式来构图，从表面上看似乎就是基础图案中的简单布局，然而，花瑶女子没有接受过任何美术教育，完全凭借自己在生活中的观察和领悟，不断地尝试和积累经验，能达到如此的艺术效果，不得不说是一个奇迹。

4. 穿越同构法

　　花瑶挑花突破时空的限制，将不同季节、时空中的动植物合成到同一个画面之中，或者几只鸟同构一对翅膀，或者几只昆虫组成花的外形。在花瑶挑花创作中，常常会出现不同季节的瓜果花木，不同空间的禽鸟兽鱼，虚幻的龙凤麒麟能和现实中的人物、事物组合在一起。还有一种花中有花的构图方法，叫作"花包花"，层层相套，花开不尽。花瑶挑花精巧细密，花鸟鱼虫不受时空的束缚，山水人物不受时空限制，全都放入一个平面来刻画。最奇的是画面中大老虎的肚子可以透视到老虎肚子里的小宝宝，这种从现实生活的角度来说不合常理的逻辑关系，经过花瑶女子的整合，变成了具有浪漫主义色彩的充满意趣的生活画卷。

三、针法

　　花瑶挑花的主要针法有"十字用针法"和"一字用针法"。所谓"十字用针法"，指的是按照布的经纬线交叉挑绣，下一针是上一针的对角线，使针脚呈"十"字形。所谓"一字形针法"指的是用针时针脚呈现平行之状，线与线之间无交错。挑花时讲究运针的距离和提线的力度均要一致，这样绣出来的图案才松紧得当，均匀好看。如果一针紧一针松，图案就会不平整。花瑶挑花用针的另一个最大特色是不见针脚，也看不见结头，当一根线用完之后，心灵手巧的花瑶女子会用另一根线接好，然后把结头藏于针脚之下，如此精巧的设计，让人叹为观止。日常的窗帘、手帕、桌布、衣服被花瑶女子用挑花工艺装饰得非常精美，体现了她们对生活的热爱和对美的追求（图2-2-4）。

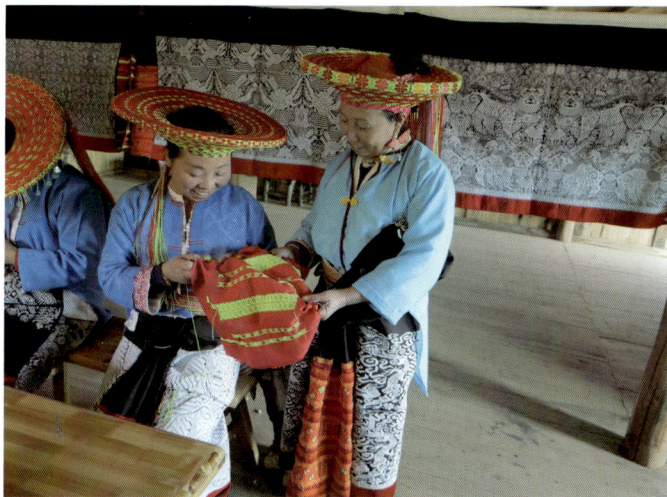

图 2-2-4　花瑶女子在研习挑花技艺

第三节 花瑶挑花的图案美学

花瑶挑花的纹样非常多样化，其中较为普遍的纹样有：万字纹、太阳纹、南瓜纹、钱币纹、蕨叶纹、牡丹纹、勾勾藤等。最为体现花瑶民族特色的是一种叫作"杯干约"的纹样，瑶语"杯干约"是花瑶的吉祥花，是一种生长在岩石上的绿色花纹。每到丰收的年节，"杯干约"就生长得特别多、特别美丽。花瑶女子以自己心中的构图和对美的理解，便把"杯干约"图案作为挑花的一种基本纹样，寓意丰收。

花瑶女子在表现挑花图案时，题材广泛、种类繁多，数量达上千种。按照类别，主要分为动物类、植物类、历史故事和历史人物类、日常生活类四大类。

一、动物类图案

动物类的图案以蛇、龙、鸟、鹰、虎、狮、马、兔居多。即使是同一种动物，花瑶女子也能绣出不同形态，充满奇思妙想。

1. 蛇

花瑶同胞长期生活在深山密林、湿热多蛇的环境中，对于蛇的习性非常熟悉，而蛇又具有游水、上树、钻地、长寿、耐饿等能力，被花瑶人视为灵物。在人类社会历史中，每个民族几乎都认同过蛇是具有灵性的这个说法。在中国古代，传说人类的创造者女娲娘娘长着人首蛇身，因而蛇被瑶族人看成是生殖的象征。花瑶挑花图像中便有许多反映生殖崇拜的图案，这些图案想象力异常丰富，呈现出奇异多姿的形态。比如纹饰挑花筒裙是花瑶挑花蛇类作品中的代表作，"相交"的图案，挑绣的是两条花边蛇，缠绕在一起，深情地注视着彼此。这种既巧妙、神奇又浪漫的构思充分反映出了花瑶女性对繁衍生殖的崇拜，她们祈求花瑶民族人丁兴旺，千秋万代，万世昌盛。所以花瑶挑花中蛇图案最为丰富，有盘蛇、交体蛇、昂头翘尾蛇、无尾双头蛇、蛇缠图腾柱、比势蛇、蛇上树、无足蛇、群蛇聚首、双蛇戏珠、川子蛇、吐信蛇，等等，多达上百种，且蛇的形态各异，充满奇思妙想。如"群蛇交体"，左右各有两条身体呈"S"形相交缠的蛇，四条蛇的蛇头上下两两相对；空白处还挑出四条两两头相对的小蛇和两只飞翔的长尾鸟；下层左右各有一条身体呈"S"形弯曲的蛇，蛇头相对；左右各挑出一只飞鸟以补白。整个画面内容、层次丰富而灵动，令人拍案叫绝（图2-3-1）。

2. 虎

老虎的造型也是花瑶挑花中常表现的图案素材（图2-3-2）。如虎啸山林、虎虎生威，这

图 2-3-1　花瑶挑花作品"群蛇交体"图案

图 2-3-2　花瑶挑花作品"老虎"图案

些图案中的老虎有的是侧身正面的姿势，有的是侧身侧面的姿势。花瑶女子在构思时心思灵巧，侧身正面能充分地从各个角度表现老虎的特征，也是挑花中纹饰最烦琐、细节最多最丰富、艺术水平最高的部分。侧身正面虎，虎身为侧面，但是虎头却扭向正面，尾尖朝天，姿势十分有艺术特色。虎的身体下方挑四只肥猪或六只小老虎为辅助纹。虎纹上绣有一对小鸟或一排小人牵马。最奇的是，运用透视眼的手法，虎肚子里还挑有一至两只小虎和一些花草的纹样。按照花瑶女子的理解，老虎怀着宝宝，要吃东西补充营养，这样绣出来的才是只活老虎，这种解读的方式大胆而浪漫（图2-3-3）。

图 2-3-3 花瑶挑花作品"老虎"图案表现

3. 龙

龙是中华民族的崇拜和信仰，花瑶人也对龙十分的崇敬，在民间每到大旱年节，都会向龙王祈福求雨，天降甘霖。对于花瑶人来说龙是风调雨顺的主宰。于是，花瑶的女子们喜欢将龙挑绣在自己的服装上，希望龙能带给她们幸运，以此得到心灵的慰藉。花瑶挑花的龙纹图案有双龙抢宝、漂洋过海、腾云降雨、龙蛇共舞、双龙戏珠等数十种非常奇特的图案（图 2-3-4、图 2-3-5）。

图 2-3-4 花瑶挑花作品"双龙戏珠"

图 2-3-5　花瑶挑花作品"双龙抢宝"

4. 鸟

对于花瑶人民来说，鸟是一种吉祥物。在虎形山花瑶地区，有一个地名叫作打鸟坳，流传着一个美丽的民间故事：相传在远古的时候，虎形山来了一只狐狸精，这只狐狸精经常幻化成人形，有时化作女人戏弄村里的男子，有时化作男人欺负村里的女人，还经常抓童男童女来吃。山上的守护神青龙，被作恶多端的狐狸精激怒了，决定要除掉狐狸精。经过几百个回合的激烈战斗，终于打死了狐狸精，而青龙自己也因为身受重伤不幸死去。最后，青龙的身躯幻化出成百上千的鸟，继续守护这里的土地和人们。为了缅怀青龙，鸟也是花瑶女子挑花时常用的元素，有六鸟连环、梧桐栖凤、双凤朝阳、枝头报喜、比翼双飞、鹰击长空、鹰蛇相斗等常见图案（图2-3-6）。

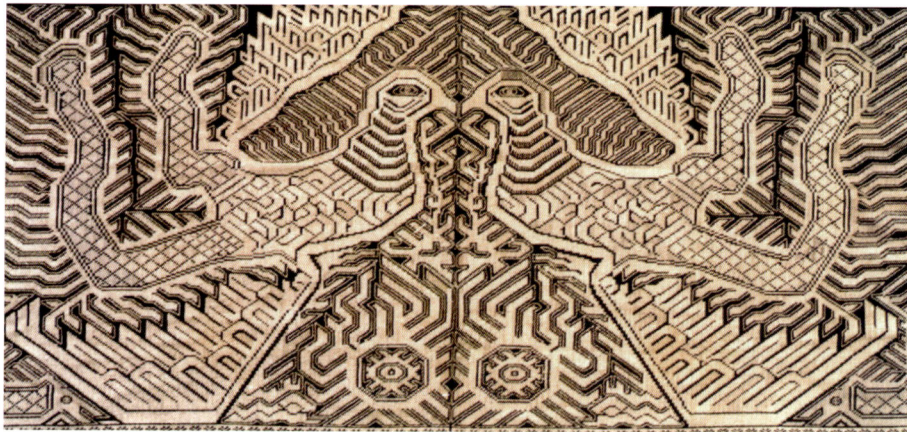

图 2-3-6　花瑶挑花"双凤朝阳"

5. 马

马是艺术家们历来喜欢绘画和表现的动物，与马有关的词语大多吉祥，如一马当先、马到成功、龙马精神等。马是花瑶挑花的常见表现图形，图案主题有万马奔腾、元帅跨马等。图2-3-7的这幅"万马奔腾"图中，骏马姿态优美，呈现出大小渐变的美感，整幅图呈中轴对称，马的角度各不相同，有全侧面、四分之三侧面等各种角度。马的空隙间填充桃花的图案，寓意美好吉祥。

图2-3-7　花瑶挑花"万马奔腾"图形表现

6. 鱼

鱼作为吉祥图案已有几千年的历史，早在陶器时代，古人就在陶瓷上面刻鱼纹。这有其特有的原因，因为鱼是多子的。在生产力落后的原始社会，出于生殖崇拜和图腾信仰，人们通常将鱼纹作为装饰，应用在日常生活的方方面面。花瑶挑花中，鱼的图案是必不可少的，挑花鱼图案有"连年有余"的象征意义。挑花的鱼图案主要有娃娃鱼、几何鱼、双头鱼、金鱼、鲤鱼等（图2-3-8、图2-3-9）。

图2-3-8　挑花鱼纹

图 2-3-9　花瑶挑花作品"荷叶锦鲤"

二、植物类图案

　　植物类图案通常是作为其他主要图案的辅助，作为主体图案的情况不多见，在作为辅助图案时，花瑶女子按照自己对美感的理解加以几何化的处理，整齐而对称。当主体图案之间出现较多的空白时，也会运用树木花草变化的图案作为补白。

　　"古树"：在隆回花瑶的崇木凼有千余棵参天古树，这些古树中最大的需要 5 个成人围绕才能将其环抱住。中华人民共和国成立后，崇木凼的古树林被列为省级保护文物。花瑶人自古崇敬古树，认为树中有树神，能够护佑族人，因此在花瑶挑花的作品中，她们也常常表现古树。在这幅作品中，主图案是一棵参天大树，树的主干粗大，枝叶茂盛，充满了四分之三的画面。大树下有两头正在吃草的小马，有了大树的庇护，小马神情闲逸自在（图 2-3-10）。

图 2-3-10　花瑶挑花作品"古树"

图 2-3-11　花瑶挑花作品"野菊花"

"野菊花"：在虎形山花瑶，崇山峻岭的山涧、田野到处盛开着一种美丽的小花，这种花当地人叫野菊，花形不大，但是成片生长，一簇簇、一团团，煞是好看。花瑶女子非常喜爱这种野菊花，便常常表现在自己的挑花作品中。这幅挑花野菊花作品采用二方连续的构图，中间野菊花的主体图形簇拥成圆形，将野菊花的生长特性淋漓尽致地表现出来（图2-3-11）。

三、历史故事和传统民俗类图案

历史故事类的主题图案以表现瑶族的重大历史事件为主题，重在体现瑶族先祖的英勇睿智。有"乘龙过海""盘王升殿""朗丘（瑶语，意即头人）御敌""元帅跨马"等。

（1）"乘龙过海"：盘王是瑶族先民的领袖，是瑶民心中崇敬的神。图2-3-12中盘王英姿飒爽地骑在龙背上，只见他头戴三尖神冠，冠发随风飘逸，蛟龙昂首，腾云驾雾。盘王周围上下有群龙环绕朝贺，热闹非凡。鸾鸟在盘王的头顶腾飞，象征光明的太阳照耀着盘王，体现出神的雄伟。

这幅"乘龙过海"图，采用了平面分割法的构图，将裙面分成上、中、下三个区域进行分割，图案平行横向组成，中轴线左右两边对称分布，在主体以外空白的地方，再填充火纹、回纹等图案。

（2）"盘王升殿"：瑶族先民领袖身着王服，端坐殿中，护卫站立两旁，威严英武。领袖端坐于龙椅之上，右手平放在龙椅扶手上，左手高举。寿字左右挑绣富贵花，两边插旌旗，迎风飘扬。领袖头像两边绣有竹叶，宫殿中的柱子上绣有双龙。图案生动体现了曾经饱受贫困和压迫的瑶族先民祈求平安吉祥、族群兴旺的美好愿景。

图 2-3-12　花瑶挑花"乘龙过海"图案表现

（3）"朗丘御敌"：图 2-3-13 中主要采用写实的造型手法，展示的是一幅瑶族英雄将领不畏强敌，誓死守卫家园，在战场上勇猛杀敌的壮烈场面。只见图中的朗丘英姿飒爽地骑在马上，身着战斗铠甲，头戴神冠，手执羽箭，在马上取下了来犯者的首级。这幅图案具有重要的历史和艺术价值，它再现了瑶族的历史，是对先祖英雄的讴歌和赞美。

图 2-3-13　花瑶挑花"朗丘御敌"图案表现

（4）"元帅跨马"：图2-3-14中元帅头戴军帽，身着军装，肩宽腰直，方脸、浓眉、大眼、悬胆鼻，跨骑高头战马，昂首挺胸，犹如天降神兵，威严无比。而头上和身后则是群鸟在枝头欢歌，充分表达了花瑶人民对解放军将士的无比敬意和感激之情。

图2-3-14　花瑶挑花"元帅跨马"图形表现

（5）"打滔成婚"：传统民俗类的主题图案有"打滔成婚"等。花瑶的婚俗是非常奇特的，其中"打滔"活动非常特别和欢乐。在新郎新娘的新婚之夜，不能够入洞房，必须在亲朋好友的陪同下通宵开展"对歌""夜汕""打滔"等活动。"打滔"就是双方亲友之间，由女性交换着坐到男性的大腿上，用力顿屁股，以庆祝婚礼的喜悦。在挑花作品"打滔成婚"中，运用剪影的艺术形式勾勒人物外形，男性和女性分别用黑白表示，画面上方成双的灯笼将婚礼喜庆热烈的气氛烘托得非常完美（图2-3-15）。

图2-3-15　花瑶挑花"打滔成婚"的图形表现

四、日常生活类图案

在"山歌传情"的挑花作品中，有两栋飞檐瓦顶的木楼，这两座木楼呈对称分布，房间的窗户是打开的，我们可以看到房间里面有两个人，露出一半的身子，双手举起，张着嘴，在互相对歌，互相倾诉倾慕之情（图 2-3-16）。

图 2-3-16　花瑶挑花作品"山歌传情"

花瑶挑花图案相辅相成，互为衬托，主次分明。对于花瑶女子来说，学习挑花是她们一生的功课，从七八岁的时候便要跟着母亲或者家中的姊妹学习挑花技艺，并为自己准备出嫁的女儿箱。女儿箱里放的就是一件件精美的挑花衣裙，其挑花工艺非常细致，一件挑花筒裙需三十多万针，需要花费三年的时间。等到了出嫁的年龄，姑娘们都会比自己女儿箱里的衣裙，看谁的最精美，数量最多，这也是花瑶传统中衡量一个姑娘是否聪明勤劳的标准。花瑶姑娘将自己全部的情感和对生活的期盼投入到挑花之中，她们的作品件件都是精品，凝聚着她们全部的爱恋。

第四节　花瑶挑花的传承人

一、国家级传承人奉雪妹

奉雪妹，瑶族，1959 年 4 月 18 日生，隆回县虎形山瑶族乡万贯冲村庙山组人，现为隆回县总工会干部。2008 年 12 月 10 日被国家文化部确认为非物质文化遗产花瑶挑花项目代表性传承人。

奉雪妹从小就聪明，自小跟随母亲学习挑花，表现出了很高的悟性和对花瑶挑花技艺格外的钟爱。到九岁就可以挑出精美的挑花裙作品，少女时期已是周围各个村寨里小有名气的挑花能手。奉雪妹非常热心，经常义务辅导村里村外的花瑶姐妹们学习挑花技艺，特别是 1979 年初中毕业后在家务农的那段时间，带的徒弟就有几十个，像奉提妹、刘扫妹、刘洒妹、奉德妹、奉柳妹等后来都成了当地有名的挑花佼佼者。奉雪妹在传授挑花技艺的时候非常耐心细致，深入浅出，让人易记易懂，深得瑶山姐妹们的喜爱。

奉雪妹在保持花瑶挑花传统技艺的基础上，根据现代人的喜好，创新了许多图案纹样。图 2-4-1 是奉老师的新作"十二生肖"挑花纹样。她善于开发和创新新技艺，将花瑶挑花创造性地应用在作品中，进一步将花瑶服饰发扬光大，对部分存在不同缺陷的挑花服饰进行了改良、改进。1993 年，改良了花瑶女子的头盘，使头盘的穿戴不再复杂和费时间；1994 年改良了女子挑花绑腿；1998 年改良了女子挑花腰带。此后，她着力倡导、推广、普及花瑶挑花技艺和挖掘、培养挑花人才。为了激发大家的挑花热情、争取政府支持，她带领获奖挑花能手们到北京、桂

图 2-4-1　花瑶挑花作品"十二生肖"

林等地开阔眼界，这期间，她本人的挑花技艺更是日益精进。目前她本人已经是湖南大学、邵阳学院等很多地方高校的客座教师，专门为学生讲解和传授挑花技艺。奉老师在教学生时，责任心非常强，很关心学生会不会。由于多年来从事挑花，每天工作时间相当长，她的视力已经非常差了，尽管如此，她还是非常耐心、细致地一针一针地为学生讲解示范，奉老师的敬业和奉献精神让人肃然起敬。

二、省级传承人沈燕希

沈燕希，女，瑶族，1984 年 9 月出生，虎形山瑶族乡崇木凼村人，隆回县人大代表。其母亲奉了妹是当地有名的挑花能手之一，受母亲影响，从小耳濡目染，9 岁时便一边读书一边跟随母亲学习简单的挑花图案，因她天资聪慧、心灵手巧，很快就学会了挑制花瑶挑花中的代表性简图。14 岁时便能挑制"老虎""双狮图""双蛇图"等较为复杂的挑花作品了。

沈燕希的挑花作品取材广泛，材料简单，技法古老，构图造型抽象夸张，色彩对比鲜明，主体图案两边配七彩丝线，一艳一素，反差极大。她所创作的"骏马图""老虎""老鼠抬轿"等挑花作品获得了花瑶女同胞的青睐，并被她们当作花瑶挑花学习的样板。她的作品多次在虎形山瑶族乡传统节日"讨念拜""讨僚饭"活动中展示，并经常被选派到县外参加民族文化交流活动。2001 年，在虎形山乡崇木凼村举办的首届"瑶族风采"服饰模特大赛中，沈燕希身着自己挑制的花瑶服饰，现场展示自己精湛的艺术才华，以其精湛的挑花技艺征服评委和观众，最终获得了冠军。

近年来，沈燕希在不断提高花瑶挑花技艺的同时，还积极配合县文化主管部门开展的花瑶挑花的调研活动，为保护花瑶挑花提供了大量一手资料，并经常利用自己的业余时间辅导花瑶女子学习挑花，用自己对花瑶传统文化独到的理解和花瑶女同胞们进行深入的交流与探讨，引导花瑶同胞自觉保护花瑶挑花等传统文化。她还协助县非遗中心在虎形山瑶族乡乡村少年宫开设了一个挑花兴趣班，不定期为学生上课，讲授挑花技艺。她在传承花瑶挑花传统技艺的基础上，还创新开发出一系列挑花微缩产品及衍生产品走入市场，如耳环、项链、包等，并且在网上销售，取得了很好的口碑和经济效益。

沈燕希非常关心花瑶的文化、经济和环境发展，作为县人大代表，她多次提出了中肯的建议，加强花瑶文化生态环境的保护得到了乡党委政府、县委县政府的高度重视，为花瑶文化的发展做出了杰出贡献。

2018 年 9 月，沈燕希被湖南省文化厅确认为花瑶挑花第四批省级非物质文化遗产项目代表性传承人。

三、市级传承人奉堂妹

奉堂妹，女，1960年1月出生于虎形山瑶族乡虎形山村，1981年嫁到大托村。1996年，加入中国共产党。1996年至2005年，担任大托村妇女主任。

奉堂妹从小就喜欢挑花，看着大人挑花，她也拿起针线和旧布模仿大人绣简图。12岁起，跟着母亲沈困妹学挑花，还拜挑花能手杨梅妹等为师。奉堂妹虽然只有小学文化，但她为人聪慧，心灵手巧，博采众家所长，兼收并蓄，到十五六岁时，其花裙和服饰就绣得有模有样了。十七岁开始，她就对挑花技艺有了独立的思考，她先构思出新的图案，接着用丝线圈个框，仔细观察土布的各个角度及它的大小、长短、粗细，分清楚纵横线路，再数针脚确定挑花的粗细，图案的高低、宽窄等。为了让图案更美，她想方设法创新，绣鱼时，配上水波、水草的图案；绣老虎时配上树林，使画面更生动活泼。

奉堂妹秉承师傅的教诲，又不拘泥于师傅的挑花框架，大胆创新。她买来国画大师徐悲鸿的《八骏图》仔细揣摩，深刻领会其神韵、意境，其绣出的"八骏图"，一匹匹骏马，扬蹄奔驰，不同的形态，跃然布上。她还创新绣出了不同于前人的"老虎图"，在老虎体内挑出一些花草和老虎仔，这样挑出来的才是活老虎。由于奉堂妹的挑花作品精美，手艺精湛绝伦，各地专家、学者、艺术机构纷纷前来求购她的挑花作品。

2002年，奉堂妹参加隆回县首届花瑶挑花技艺大赛，作品"龙凤呈祥"荣获一等奖。2012年6月，奉堂妹被隆回县文广新局授予"非物质文化遗产保护工作优秀传承人"光荣称号。2013年12月，奉堂妹的"老瑶山"等4件挑花作品被中国美术馆收藏。2014年6月，奉堂妹被邵阳市人民政府评定为花瑶桃花市级代表性继承人。

近年来，为了花瑶挑花的传承发展，奉堂妹悉心授徒，先后带了杨否花、奉怀妹、沈禾花、沈小妹等20余位徒弟。她言传身教，尽其所能，在她的影响下，徒弟们陆续出师，并挑制出了"富贵猪""元帅跨马""春草""双龙抢宝"等优秀作品，成为花瑶文化新的传承者和传播者。

第五节　花瑶挑花传承的现实困难及活态应用

一、花瑶挑花传承的现实困难

湘西南少数民族地区为多山脉地区，这里山峰林立，群峦叠嶂，沟壑幽深，特殊的地理环境，使得信息闭塞，经济欠发达，属于多民族世代聚居的地区。承载于底蕴深厚的多元民族文化之上的西南部非物质文化遗产宝库资源异常丰富，作为重要的人文优势集中区域，目前国务院先后公布了四批国家级非遗名录，共计1372项，全国55个少数民族中，每个民族都有自己代表性的非物质文化遗产。这些珍贵的非物质文化遗产创生于各族人民的生产生活实践，有着丰富的内容、多元的表现形式和深刻的精神内涵，能够更直接、更生动、更有效地反映民族文化特色。

受到现代流行文化的冲击和民族服饰的汉化，花瑶挑花工艺的传承到了濒危状态，出现了后继乏人的困境。分析总结起来主要有以下几个方面的原因：一方面是由于挑花工艺复杂，要学会精湛的技艺需要很长的时间，年轻的瑶族姑娘大都缺乏耐心去学习，所学的都是一些简单的技艺；另一方面是挑花不能带来直接的经济收益，出于生计和生活考虑，村里很多年轻人都选择外出务工而不是留下来传承挑花技艺。

花瑶挑花工艺复杂烦琐，精品多为花瑶女子的嫁妆裙，而随着老一代挑化妇女相继去世，嫁裙随葬，导致了挑花精品的失传，使一些反映重大历史事件、历史人物和表现花瑶独特风情的挑花作品，已难得一见。

花瑶挑花是用五色纱线，在十字经纬纹的土布上，借针的运行穿刺，构造八角图案、万字图案等的一种工艺。花瑶挑花是在过去自己织的经纬线分明的土布上进行的，过去瑶民过的是自给自足的生活，自己种棉花、纺纱、织布、裁衣，现在便利的交通和与外界频繁的互通，使得大家都买衣服和布料，很少有瑶民自己纺纱织布。花瑶挑花没有原材料，运用尼龙类的化纤材料很难达到曾经的质感。

二、花瑶挑花工艺的活态应用之路

2018年8月21日，习近平在全国宣传思想工作会议上的重要讲话中指出："要推动中华优秀传统文化创造性转化、创新性发展，激发全民族文化创新创造活力。"近年来，我国少数民族"非遗"保护取得可喜成绩，越来越多的手工艺类非遗项目走上了创新的产业化发展之路，帮助了很多贫困少数民族地区的同胞脱贫致富，带动了地方经济增长。但依旧有众多的"非遗"项目尚未得到有效利用与开发，更有很多不为人知的项目正面临失传的危险。非遗产业化就是将非遗作为文化产业发展中的资源，通过市场化运作，将其转化为各种形式的文化产品、文化服务、文化旅游，最终实现文化延续和经济效益的双赢局面。创生于经济欠发达、生产力较落后民族地区的非物质文化遗产更需要突破其原始、封闭的传承途径，通过生产性保护增强其对日益变迁的民族环境的适应性及活态传承的能力。

近年来，对于非遗的保护模式一直是备受热议的话题，目前主要的保护模式有两种，一种是博物馆式的静态保护，另一种是活态的生产式保护。"生产性保护"作为对单一保护理论的辩证补充，又是此两种保护方式折中的一种重要理念和措施。花瑶挑花是瑶族妇女的日常服饰，花瑶也因挑花服饰而得名，并引起世人注目。进一步挖掘、保护、发展好花瑶挑花是保持花瑶民族特色、弘扬花瑶传统文化、提高花瑶生活质量的关键所在，对发展瑶山经济和旅游业将起到极大的促进作用。

从文化经济学的视角来看，非物质文化遗产包含文化价值和经济价值两种价值类型。文化与经济互补的内在关系，决定了文化产业化是未来经济发展的重要途径，是带动经济增长的重要组成部分。少数民族非遗所蕴含的丰富文化符号成为文化产业化的原材料，具有广阔的发展空间和良好的市场前景。手工艺类非遗因其与生俱来的经济属性，更容易市场化、产业化，也更容易开展生产性的保护。在实际的产业化进程中，如何协调保护与合理开发之间的矛盾，是当前少数民族非遗文化产业发展中的困惑。通过对雪峰山脉虎形山地区花瑶挑花产业化局面的分析和调研，审视民间手工艺生产性保护的可能，为湘西南民族地区手工艺类非遗产业化实践制定一些切实可行的发展规划和策略。

首先，政府引导，培养与激励并重，壮大传承人队伍。面对花瑶挑花的发展困境，当地政府对花瑶挑花的保护和发展非常重视，聘请有关专家组成专家委员会，指导花瑶挑花的抢救保护和开发利用。2004年9月，当地第十三届人民代表大会常务委员会专门研究审议了《花瑶挑花的抢救保护与开发利用规划》，提出了强化保护措施，明确了保护责任，确保了花瑶挑花的传承和发展。近年来，县财政投入非物质文化遗产保护经费已达400多万元。一、建立花瑶挑花传习所，传习所严格按照《中华人民共和国非物质文化遗产法》和《隆回县非物质文化遗产代表性传承人工作目标管理责任状》之规定开展传习活动，传习所每年须开展传习活动100小时以上。二、建立激励机制，对60岁以上的挑花能手每月发放特殊津贴100元，60岁以内的代表性传承人每月发放特殊津贴50元，提高花瑶女子的挑花积极性。三、在规范、壮大虎形山花瑶民族表演队的同时，其他各花瑶民族村寨也相应建立业余表演队，将花瑶亮丽的服饰和独特的风情搬上舞台，协助当地居民解决就业问题。

其次，通过市场推动，使保护与开发相协调，构建两套生产体系。将非遗项目生产性保护纳入地方产业经济发展规划，推动地方经济发展，成了经济相对落后的偏远少数民族地区发展地方经济的新手段。然而，在非遗产业化过程中，一方面，怎样保护手工劳作时代创生下来的非物质文化遗产的原真性，而不是异化为经济消费的产物；另一方面，怎样合理利用其文化价值，实现其经济价值，使其成为不断增值的文化资本，这两个伴生的问题是目前非遗产业化过程中的难题。

花瑶挑花在生产性过程中，形成了两套生产设计研发体系，这两套体系互相补充，完全解决了文化保持和经济效益之间的矛盾。一套体系是以花瑶挑花项目本原面貌出现的抱枕、披肩、围巾、手包、头巾、服装等花样繁多的生活用品。花瑶挑花工艺非常耗费时间，一件筒裙通常要几个月甚至几年的时间，这就造成了产品价格昂贵，多达数万元之高，一般消费者难以承受。花瑶挑花国家级传承人奉雪妹，开辟了彩色挑花壁挂、手帕、围巾等诸多旅游小件挑花品种（图2-5-1），这些产品价格只有几百元，能够为大多数游客接受。曾经的花瑶虎形山地区是贫困乡，人均GDP不到全国平均水平的四分之一。2011年隆回县建立花瑶挑花工艺品开发中心，将花瑶挑花变成艺术商品打入市场，使其成为瑶山经济的新支柱，在家就能赚钱，外出打工的年轻人很多回来家乡就业。2013年，花瑶挑花成为与湖南省非物质文化遗产研究与发展中心合作的首个非遗项目，对花瑶挑花进行多方面的学术研究，并帮助传承人设计花瑶挑花相关产品，运用专业化的图案设计、产品设计知识，设计生产花瑶挑花元素（图2-5-2）。

图 2-5-1 花瑶挑花应用于背包上

图 2-5-2 花瑶挑花工艺和传统国画结合

另一套生产体系是花瑶挑花文化衍生出的项目，这些项目在形式内容上已经完全不同于我们所看到的花瑶挑花，比如"花瑶花"护肤品牌，灵感来源于花瑶挑花，是极具民族特色的中高端护肤品。2011年"花瑶花"品牌以源自封山育林120年、高山富硒地无添加为理念正式上市，所用产品容器设计也源自花瑶挑花，成为德国红点大奖获奖作品。2018年9月，中共中央、国务院印发了《乡村振兴战略规划（2018—2022年）》，并发出通知，要求各地区各部门结合实际认真贯彻落实。为响应和贯彻国家全面实行乡村振兴的政策，虎形山花瑶联合湖南卫视创办了中国首档乡村振兴文旅纪实节目《乡村合伙人》，于2019年2月1日晚17:20正式开播，节目致力于花瑶地区的乡村振兴和花瑶文化的传承和传播（图2-5-3）。

图 2-5-3　花瑶文化在湖南卫视《乡村合伙人》栏目上播出

　　少数民族非遗深深蕴藏着所属民族的文化基因与精神特质，具有深刻内涵和特定审美意义，折射出特定的民族文化心态，其保护和开发更值得关注。

　　传统工艺类非遗项目从创生之初就与市场相依存，具有与生俱来的经济属性，适用于生产性保护的方式，在少数民族非遗产业进程中起着率先示范的作用。目前，在少数民族手工艺类非遗产业化的过程中，产业化道路该如何走，在产生经济效益的同时，脱胎于农业经济时代的手工艺类非遗如何在批量化的机械时代保持其原有的精细打磨的特点、保持其匠心的文化积淀，是非常重要的。

第三章　宝庆竹刻

第一节　宝庆竹刻的历史源流

中国的竹刻艺术源远流长，历经汉唐积淀，发展到明清时已进入兴盛阶段，形成了一定的规模。自古梅、兰、竹、菊并称四君子，千百年来以其独特的品性象征，成为历朝历代文人士大夫吟诵的对象。先秦时期的《诗经·淇奥》中已有对竹子的描述："瞻彼淇奥，绿竹猗猗……瞻彼淇奥，绿竹青青……瞻彼淇奥，绿竹如箦……""竹"常被比喻成不同流俗的高雅之士，成为文人雅士竞相吟咏的对象，尤其在文人兴起的朝代，竹子在人们心目中的地位尤为重要。

中国有丰富的竹木资源，在湖南的西南部有着漫山遍野的楠竹资源，绥宁县被国家林业局认定为"中国竹子之乡"（图3-1-1）。在湘西南地区竹材很早就被运用至生活的方方面面，竹制生活用品、竹制民间器具、竹制工艺品、竹制建材等一直深受这里民众的喜爱。竹刻这种手工技艺一直作为传统技艺传承至今，而宝庆竹刻作为传统竹刻里的一朵奇葩，以其特有的竹

图 3-1-1　采竹料的手工艺人

簧雕刻艺术区别于中国其他竹雕竹刻。宝庆竹刻繁杂的器型步骤、丰富的雕刻技法、多变的器物造型、众多的题材内容，不仅让它成为湖湘大地竹刻技艺中的奇葩，也使它成为中国竹刻技艺的重要组成部分，并于2006年获批中国非物质文化遗产名录立项。

从明代、清代到民国，三百多年的传承史，宝庆竹刻留下了许多精美绝伦之作，宝庆竹刻技艺得以繁衍发展。古代宝庆竹类资源的丰富多样为宝庆竹刻的发展提供了原材料基础。明初手工业和工商业逐渐兴起，商品经济开始萌芽，市民文化和审美意识都有所提高，为竹刻的流行打下了经济和人文因素的基础。再加之历代王侯都附庸风雅，南北文人骚客则衔接内外，以小件金石、玉器、竹刻、木刻等作为礼品玩物互赠。上好下甚，一时间，刻竹之风在武冈盛行。至明代中期，邵阳竹器开始从普通的竹制生活用品中剥离出来，竹刻笔筒等转变成为艺术欣赏品，并培育了有地域特色的竹刻艺术大师，创作了一大批立意清新、格调高雅的竹刻艺术品。在明万历年间，宝庆竹刻艺术已经相当成熟。明代宝庆竹刻的著名大师，见之于史志上的有邓良梓、邓祥麟父子，王嗣翰、王嗣乾兄弟等。宝庆竹刻是传统手工技艺，人是技艺传承的主体。在这一时期，出现了一本专门记述宝庆竹刻技艺的著作《大来堂制艺》，是由竹刻大师潘一龙的侄子潘应斗、潘应星兄弟编纂的。

清代，宝庆竹刻的中心从武冈移至邵阳城内。随着商业的兴盛，人们对于宝庆竹刻艺术品的需求量增多，市场的需求有力地促进了宝庆竹刻的发展，使其更加讲究竹刻作品实用性与艺术性的统一。清康熙初年，著名宝庆竹刻大师王尚智发明创造了竹簧制作和竹簧雕刻工艺，这是宝庆竹刻发展的一个重要里程碑。竹簧制作和雕刻工艺的发明，给宝庆竹刻乃至中国的竹刻艺术带来了一场巨大的变革，拓展了宝庆竹刻的表现题材，使宝庆竹刻艺术的大件化创作和批量生产成为一种可能。在当时竹簧的品种中，朝珠盒、茶叶盒、提箱、帽筒和挂屏等深受文人雅士和达官贵人们喜爱。

因为竹簧雕刻操作更为简便，同时也便于运用平面立体刀，很好地解决了传统竹刻工艺受竹筒外形限制的问题，更加方便各类雕刻主题的表现。"竹簧"即将竹子去青去节，削出每个竹筒最里面的2毫米的部分，再经过煮、晒、碾、压等工艺，贴在木胎或者竹胎上面，一般贴一层，也可以重复贴多层。竹胎和木胎的器形有瓶、盘、碟、盒、扇、屏风等各类。竹刻是在全国各地都有的民间工艺品种，而竹簧工艺发源于邵阳，是宝庆竹刻区别于其他竹刻的代表性工艺。

光绪二十七年（1901），邵阳县域竹刻店增至8家，从业者40余人。以"美君室""林筠室""君子邻""爱此君斋""管弦室"最负盛名。时任湖广总督的张之洞就将邵阳竹簧扇作为慈禧太后的生日贺礼敬奉朝廷。晚清时期，黄遵宪出使英、美等国，就带宝庆翻簧艺术品作为礼品馈赠英、美等国官员，大受欢迎。竹簧雕刻因其光洁如玉又具实用性等特点风靡一时。

到民国初年宝庆城内专业竹刻作坊发展到 20 多家，从业艺人 200 多人，出现了宝庆竹艺一条街，宝庆竹刻成为邵阳的特产和名片。其中，翻簧竹刻已创作出了三十多个品种，产品销往全国各地和海外。

1915 年，邵阳竹刻艺人朱莲舫制作的一对雕有《双龙腾云献珠图》的大笔海，获得首届太平洋万国巴拿马世界博览会金奖。继此之后，1925 年宝庆竹刻"管弦室"雕刻名师左季敏、左季惠兄弟制作的荷叶形竹簧大花瓶又荣获银质奖。随后，宝庆的翻簧竹刻作品又先后在美国芝加哥百年进步博览会、南洋工程博览会上参展获奖。1943 年，全国首届工程展览会在广西南宁举行，宝庆竹刻"君子邻"作坊雕刻大师朱宣武创作的题为"红楼梦故事"的九寸竹簧挂屏获一等奖。

民国时期，是宝庆竹刻全面发展的时期。然而，由于民国晚期的战争因素，在那个连生命安全都时时受到威胁的年代，作为工艺品的宝庆竹刻失去了购买的消费者，从业艺人也散落四处，使得宝庆竹刻的发展受到严重影响，竹艺品生产陷入了低谷期，宝庆竹刻作坊从早年的 20 多家缩减到 9 家。

中华人民共和国成立以来，宝庆竹刻的发展又重新焕发生机。在中国共产党的"保护、发展、提高"方针的指引下，政府出面组织竹刻艺人 30 多人，整合了留存的 9 家竹刻作坊，于 1950 年初建立了邵阳"新民竹艺联营社"，并成立了专门生产供应竹簧竹艺粗坯的"新中华竹艺联营社"。一方面引进美术专业人员和设计人才，探讨新的艺术表现形式，进行器形设计制作和雕刻技艺的技术革新，提高生产工效，扩大生产领域；同时，选派一批有文化、思想好、技术好的青年技术骨干到工艺美术院校进修学习，竹刻人员增加到 120 多人。到 1959 年，竹艺厂的生产蒸蒸日上，年产量 6 万多件，95% 用于外销。1960 至 1970 年这段时间，宝庆竹刻出现了一段百花齐放，蓬勃发展的好时光，开发出了很多新的品种。这些品种包括竹簧茶叶盒、竹簧挂件、竹簧花瓶、竹簧笔筒等（图 3-1-2、图 3-1-3）。1978 年邵阳竹艺厂生产的产品达到 330 种，从艺工人 210 人，在全国工艺美术展览中共有 10 件作品入选。学者专家开始研究和关注宝庆竹刻的传承和发展，宝庆竹刻的艺术价值和地位得到了认可。

图 3-1-2　宝庆竹刻历代传世作品

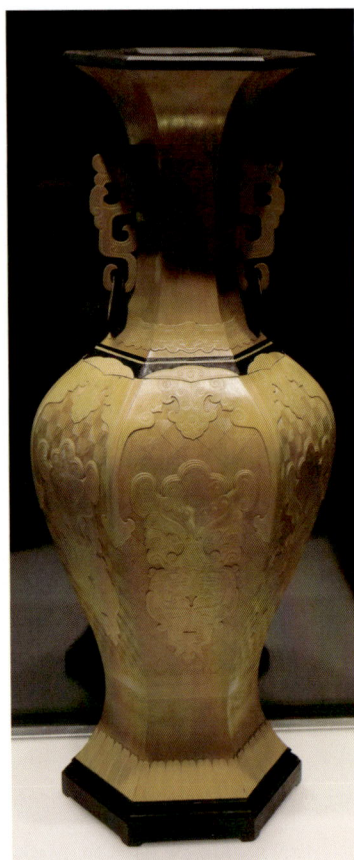

图 3-1-3　宝庆竹刻花瓶

第二节　宝庆竹刻的品类及工艺特色

一、宝庆竹刻的品类

宝庆竹刻品类齐全，按照所用竹子的部位来区分，主要品种有竹青雕刻、竹簧雕刻、竹根雕刻。

竹青雕刻是宝庆竹刻最古老的传统雕刻技艺。竹青雕刻选材严格，一般选用生长期在四至八年的成年竹，以竹大、节正、肉厚而为佳品，异形竹以体形奇特而为珍贵。艺人们根据竹形来布局构图，题材多为古代画谱上的梅、兰、竹、菊，山水花鸟，配以诗、书，缀以印、跋，顺竹势运刀雕刻，讲究将古代山水、人物、花鸟作品的神韵与自己的审美情操相糅合，寄托自己对社会现实生活的感受（图3-2-1）。

图 3-2-1　宝庆竹青浅浮雕笔筒

竹簧雕刻又称作翻簧雕刻，为宝庆竹刻独有的工艺。竹簧雕刻不仅是对传统竹青雕刻和竹根雕刻的继承，也是对传统的创新。它的出现使竹雕不再受自然竹形的限制，让竹刻艺术的大件创作成为可能（图3-2-2至图3-2-6）。

图 3-2-2 宝庆竹簧雕刻作品

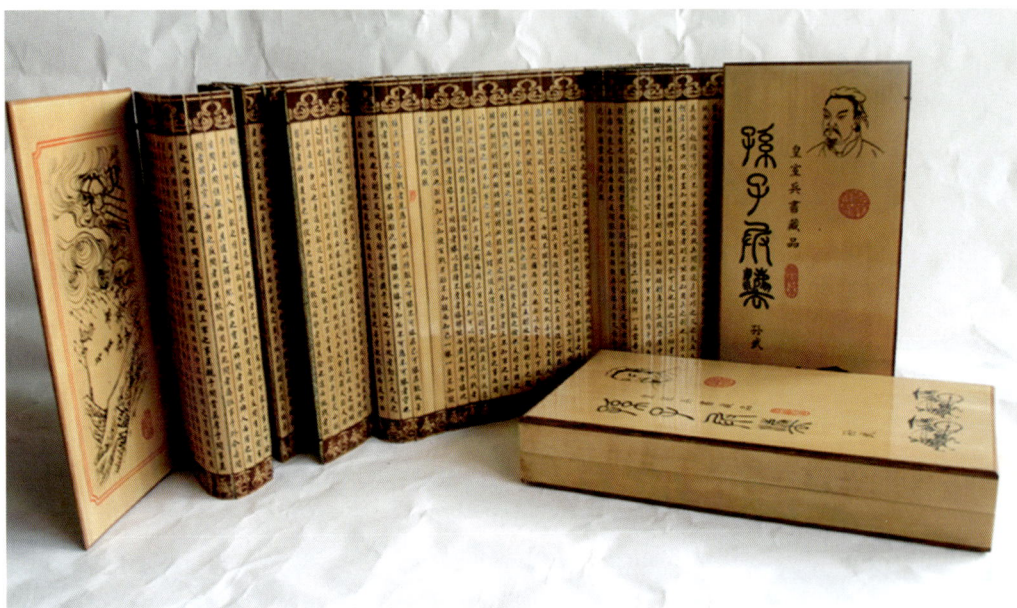

图 3-2-3 竹刻孙子兵法

图 3-2-4　竹簧六边形首饰盒

图 3-2-5　竹簧摆件

图 3-2-6　竹簧烙刻六边形笔筒

竹根雕刻主要是选取楠竹的根部，利用竹根天然的形态和根须因材制宜进行雕刻创作（图3-2-7）。

竹簧雕刻是宝庆竹刻中最重要、最有特色的部分，集竹根和竹青雕刻技术于一体。宝庆竹刻在竹簧工艺上的创举，使其成为中国竹刻中最有特色的门类。竹簧表面色彩黄橙，如象牙般光洁，造型可方可圆，规格可大可小，打破了竹材为圆形的限制，丰富了器型的多样性。在工艺制作上，研发了异形造型、高温压制、喷漆工艺、防裂拼合等技术，大大丰富了竹簧的品种。

竹簧制作的工艺流程：一是制簧，二是器形，三是刻簧。

图 3-2-7　竹根雕《牛背上的童年》

二、制簧的工艺流程

制簧是将竹节去青取内部 2 毫米的内簧，经过一系列工艺，做成竹簧皮。

1. 选料

宝庆竹刻的原料是当地盛产的楠竹，采摘竹子的季节非常讲究，不能是春季的竹子，因为春季宝庆地区雨水充沛，竹子正好处于灌浆期间，这个时候的竹料含水量相对较高，雕刻成工艺产品容易产生蛀虫。因此，有经验的宝庆竹刻艺人，通常会在中秋节之后选料，因为这时的竹子已经停止了生长，水分含量相对较少。

在选料的过程中，准确判断竹子的竹龄也是必不可少的技艺。制作竹簧一定要选择生长了 3 ~ 5 年的竹子，因为这个竹龄的竹子内材质结构更为紧凑，竹纤维细腻，柔韧性十足，不易折断，竹簧的色彩也光洁鲜艳，容易制作成竹簧工艺品。

2. 锯竹去节

将选好的竹子原材料，用锯子去除掉多余的枝叶，因为连着枝叶的竹茎不光滑，不容易制作成竹簧片，将去掉枝叶的光滑竹茎沿着竹节锯掉，变成一个个无节竹筒。去掉竹节是因为竹节部分内部没有簧，而且去掉竹节便于后面的翻转和去筒（图3-2-8）。

图 3-2-8　竹簧制作锯竹去节工序

图 3-2-9　竹簧制作去青工序

3. 去青

所谓去青是指用砍刀剁掉竹肌的三分之二，只保留竹筒最里面的 2 ~ 3 毫米，露出内壁的竹簧，因为竹簧雕刻只在内壁上进行。在下刀时要精准，不能太少，削太少竹青去除不了；也不能太多，削太多则会让竹筒变薄，不利于雕刻（图 3-2-9）。

4. 细铲

这一步骤在操作时切莫心急，否则很容易造成竹簧破损。需先将竹筒放于劈簧架上，再根据竹子的纹理双手紧握铲刀顺势用力。每次下刀用力要匀，先从竹筒的两头开始细铲，铲的厚度以 0.1 厘米为宜，这样边旋转竹筒边铲，一直铲到 0.2 厘米左右为止，然后对着阳光看竹筒的透光均匀即可（图 3-2-10）。

图 3-2-10　竹簧制作细铲工序

5. 撕筒

撕筒的目的是使竹簧在蒸煮后，能够顺利翻过来。这一过程是将铲好的竹簧筒用右手大拇指压住边缘施压，左手食指抵住内壁往外加力，撕开一小口，右手顺势往下压撕，直到完全撕开。撕的过程中需用力均匀才能让撕口处于直线（图3-2-11）。

6. 套筒

所谓套筒就是将从竹节上取下的竹筒一个个套在一起，这也是为接下来的蒸煮过程节约空间，便于放入锅中。经过套筒工序后，一次便可以煮更多的竹筒，一般可以将2～6个竹筒套在一起。套的时候要尽量保持每个竹簧筒的开口在同一侧，方便蒸煮后的揉搓（图3-2-12）。

图 3-2-11　竹簧制作撕筒工序

图 3-2-12　竹簧制作套筒工序

7. 烧水

准备蒸煮前的步骤是烧水，要用巨大的桶来盛水，去青剖竹时剩下的废料，正好可以利用起来做烧水的柴火。火一定要烧旺，水温要达到100℃沸腾，这样可以保证蒸煮的效果好（图3-2-13）。

8. 蒸煮

蒸煮的目的首先是在煮的过程中让竹簧筒中的糖分散发出来以达到防虫的效果，其次是在高温下让竹纤维变软以达到展平的效果，以方便以后器型的制作。蒸煮竹簧筒需先将煮液放

图 3-2-13　竹簧制作烧水工序

图 3-2-14　竹簧制作蒸煮工序

入煮锅中，再用柴火对其进行加热，使煮液沸腾，直到温度达到 100℃左右。然后，将制好的竹簧筒依次放入煮锅内。蒸煮 40 至 60 分钟，这个过程要及时添加柴火，使水温能一直保持在 100℃左右。需要注意的是，煮液必须要浸过竹簧筒，若没有浸过，会使竹簧筒蒸煮不完全（图 3-2-14）。

9. 翻转

完成第一遍蒸煮之后，需要将竹筒用铁夹捞出，待稍微冷却后，用手由内而外，将竹筒翻转一个方向，然后再接着煮。这样可以保证使竹筒的内外充分煮透（图 3-2-15）。

10. 揉竹

这一道工序是为了将竹子的纤维揉散，让竹簧顺利翻过来，需徒手将竹簧筒从沸水中取出。所以在操作前需先用冷水浸手，这样可以保护手免受烫伤。再迅速从沸水中捞起竹簧筒，迅速在开口处翻开。一只手握住竹簧筒，另一只手将竹簧筒压平，再用双手握住一头，揉搓两三次，再换一头搓揉两三次，如此反复操作需要 2 ~ 6 次（图 3-2-16）。

11. 定型

这一道工序是让翻过来的竹簧片冷却定型，以便于之后的雕刻。在执行这一工序的过程中，需要迅速地把揉搓完的竹簧一片一片地绷在架子上固定，以便竹簧片固定成弧形（图 3-2-17）。

图 3-2-15　竹簧制作翻转工序

图 3-2-16　竹簧制作揉竹工序

图 3-2-17　竹簧制作定型工序

图 3-2-18　竹簧制作晾晒工序

12. 晾晒

晾晒也是定型后宝庆竹簧制作工序的重要步骤，若天气晴朗，可待其自然晾干；如若碰上接连阴雨天气，则可用煤火烘干。是否烘干的标准是用手摸着没有湿润的感觉，这样可以保证竹簧不易生霉（图3-2-18）。

经过以上的工序和步骤，一片片竹簧原材料就制作完成了。

三、器形

器形是竹簧制作工艺中的重要步骤。将选好的竹簧皮卡在模具里扎箍成形，模具造型要事先设计好，圆、方、凸、凹，按模具冲压。其成形时间一般需要 5 天左右，然后将成形的竹簧粘贴于木胎或竹胎之上。一般粘贴一层竹簧，也有粘贴多层竹簧的，竹簧也可以和其他的材料结合，制作出非常完美独特的作品（图 3-2-19）。

图 3-2-19 器形

四、竹簧的雕刻

1. 刻簧

镶嵌在木胎上的竹簧需要经过砂纸的打磨，要用 80 ～ 600 目的砂纸分粗磨和细磨两道工序打磨。打磨后艺人们就选用在宣纸上绘画的各种人物、山水花鸟、书法等图文线稿，然后将线稿草图平整地贴于器形之上，待到纸上的胶水干了，便可用刻刀在其上刻饰（图 3-2-20、图 3-2-21）。在竹簧雕刻的发展过程中，在保留传统技法的基础上，更发展了浮雕、皮雕、镂雕、拼接、镶嵌，电烙、电绘、着色、压烫、腐蚀等新工艺。由于竹簧的传统制作工艺烦琐复杂，雕刻技术要求高，又不容易保存，所以传世的竹簧产品非常稀少而弥足珍贵。宝庆竹簧的雕刻和其他的雕刻艺术一样，也分成了阴刻和阳刻两种。

图 3-2-20　竹刻工具

图 3-2-21　雕刻

　　宝庆竹刻的阴刻技法，不仅可以运用于竹簧雕刻中，还可运用到竹青雕刻中。阴刻刀法灵活多变，刀痕有深有浅、有光有毛，能刻制表现不同题材内容的纹饰，如书法、山水、人物等作品，具有碑刻的韵味。竹簧阴刻的步骤是，先将需要雕刻的图案或文字用毛笔或记号笔画在已经制作好的竹面上，也有的是先在薄纸上画好，再贴在竹面上。有了画稿然后再用刻刀雕刻，这样做的好处是不会出错，能轻松达到预计的画面效果。阴刻技法有多种，其中单刀法的运用十分广泛，雕刻者依势肖形，以刀代笔，将线条刻画出来。

宝庆竹刻的阳刻又分为高浮雕、浅浮雕、薄意雕等多种。高浮雕指所雕刻的图案高高地凸出底面的刻法，起伏较大，下刀较深，能表达出高低错落层次丰富的雕刻效果，与圆雕相接近，有的局部为圆雕，具有很强的立体感（图3-2-22）。浅浮雕是翻簧竹刻最常用的一种雕刻方法，所刻的图案和花纹浅浅地凸出底面，层次交叉少，平面感较强，接近于绘画形式（图3-2-23）。薄意雕因雕刻层薄而富有画意而得名，薄意雕一向以"重典雅、工精微、近画理"著称，是竹簧雕刻中的一种独特的表现技法，影影绰绰，特别具有欣赏价值。

图 3-2-22　高浮雕竹刻笔筒

图 3-2-23　浅浮雕竹刻笔筒

2. 加彩

用刀在竹片上刻画出线条之后，接下来要按照中国画的上色技法，来给竹片上的线稿上色。和中国画的工笔画有异曲同工之妙的是，竹簧上色也需要至少上三次，以保证色彩的饱满（图3-2-24）。

3. 加烙

加烙即是采用烙刻的手法，营造画面的深浅空间和虚实之感，增加雕刻画面的艺术效果。

图 3-2-24　竹簧雕刻上色作品

4. 喷漆

在雕刻完成后，需要喷一层淡淡的油漆，用于提亮竹簧的色彩，起到保护作用，使之不容易刮花。一般一件作品需要喷两次清漆（图3-2-25）。

图 3-2-25　竹簧坛

第三节　宝庆竹刻作品赏析

国家级非物质文化遗产项目"宝庆竹刻"吸收了中国古代绘画的神韵，又体现了湘西南地区特有的风貌，给人秀丽典雅的美感。

宝庆竹刻历经明、清两朝，数百年流传至今，其能够经久不衰的一个重要原因是宝庆竹刻表达的内容符合民众的审美需求。宝庆竹刻数百年来积累了一大批创作题材，这些题材包括四大类，分别是古典人物类、自然风景类、花鸟鱼虫类、飞禽走兽类。其中古典人物类的题材有：福禄寿星、观音罗汉、药王菩萨、济公和尚、文武天官、招财童子、财神关公、屈原吟诵、太白醉酒、苏武牧羊、孟母教子、东坡夜游、五子登科、婴戏图、仕女图等。自然风景类的题材有：潇湘八景、岳阳楼、南岳衡山、高山流水、烟云村野、野渡幽境、泛舟行车、临泉抚琴、林间暖酒、临风观松、秋溪夜钓、百老野趣、深山幽居等。花鸟鱼虫类的题材有：荷花翠鸟、荷花蜻蜓、花开富贵、梅花喜鹊、红梅小鸟、双凤朝阳、松鹤延年、雁荡平湖、福（蝠）降祥云、鸳鸯戏水、春江游鸭、岁寒三友、竹枝蝉唱、花草飞蝶、鱼跃龙门等。飞禽走兽类的题材有：龙游祥云、双龙抢宝、二龙戏珠、龙凤呈祥、麒麟送子、十二生肖、猛虎下山、山川虎啸、大鹏展翅等。

宝庆竹刻在艺术表现风格上，追求将文人的闲情逸趣与诗情画意有机糅合，融为一体，将刻竹艺人自身那种逃避现实生活、追求理想社会的世外桃源式心境寄托于竹刻艺术之中。在艺术表现手法上，一方面宝庆竹刻刻意追求和再现古代书画的细致准确；另一方面又善于将繁复的自然物予以高度概括，赋予其人格化的个性，如临泉抚琴中的景物重点突出青松和山泉，其他景物高度概括，将刻竹艺人散漫而又恬静的心境，表现得生动而传神。

1. 翻簧层雕饕餮纹花瓶

饕餮纹是中国古代的传统纹样，饕餮是一种传说中的野兽，古代人民对这种野兽十分敬畏，为求平安，前秦的古人们将饕餮纹刻印在青铜器上，体现出一种狰狞、古朴之美。翻簧层雕饕餮纹花瓶是用首创的翻簧堆层雕刻手法雕刻而成，需要每雕刻好一层后，才能再增加下一层。本作品共为四层，层层雕刻，制作难度极其复杂，有一种强烈的空间效果。整个器形造型规整，左右有龙形双耳，结构对称，设计格调庄重浑厚，装饰图案协调美观，这都是此花瓶器皿的主要亮点（图 3-3-1、图 3-3-2）。

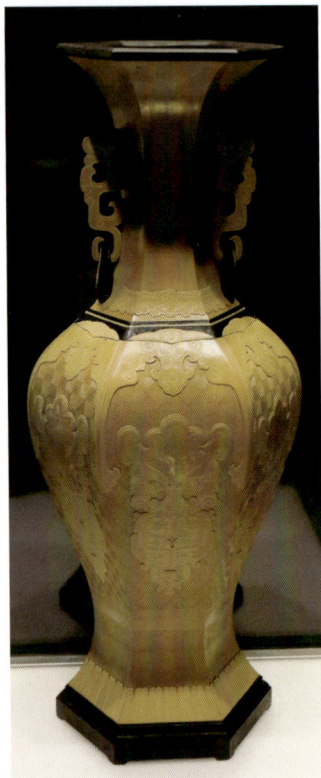

图 3-3-1 翻簧层雕饕餮纹花瓶

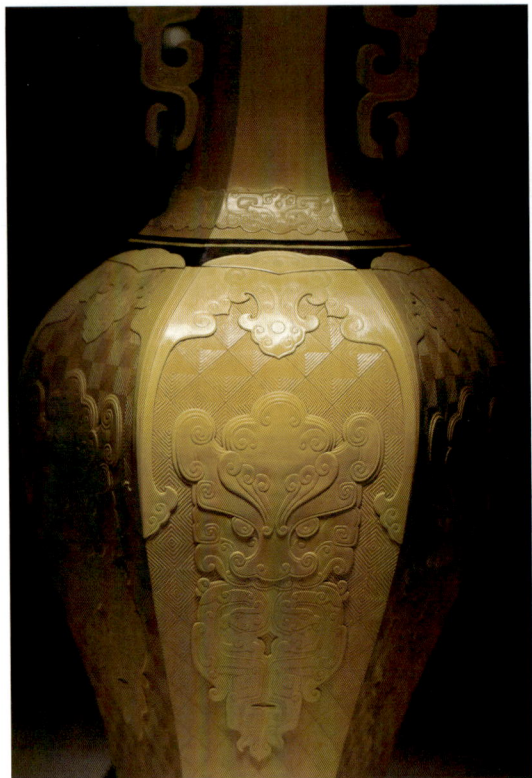

图 3-3-2 翻簧层雕饕餮纹花瓶局部

2. 翻簧花瓶"雅聚"

作品的题材是山水，通过雕刻的形式展现古代文人画的意境。挺拔的苍松、依山而建的亭子，描绘了一幅清新脱俗的好友相聚的场景。通过飘动的衣袖、皱褶的衣纹，刻画出飘逸洒脱的高士形象，将隐士那仙风道骨的意境展现得淋漓尽致。花瓶瓶口为花瓣状，底座和双耳的木雕及深沉的颜色与竹簧的浅黄色形成对比，使整个花瓶在视觉上看来造型优美纤细、端庄典雅（图 3-3-3、图 3-3-4）。

3. 竹簧笔筒"品茗"

作品以古人五律诗句为创作题材，正面是阳刻的行草书法字体，书法文字行云流水，飘逸洒脱，和诗句的内容相得益彰；背面是一幅高士松下品茗图，有挺拔的苍松、温热的茶炉，两位高士须发长髯，宽额凤眼，悠闲煮茶，神态自然平和，极具文人雅士之闲逸。该作品雕刻线条挺拔苍劲，繁简得当，松下品茗的美好意境呼之欲出（图 3-3-5、图 3-3-6）。

图 3-3-3　翻簧花瓶"雅聚"

图 3-3-4　翻簧花瓶"雅聚"局部

图 3-3-5　竹簧笔筒"品茗"正面

图 3-3-6　竹簧笔筒"品茗"背面

4. 竹簧百宝箱

"远看造型，近看花纹"，这正是此竹簧百宝箱的主要亮点。整个百宝箱造型规整、结构对称，四足和主体之间呈现波纹曲线造型，金属材质和温润的竹簧材质相得益彰，设计格调庄重浑厚。顶盖的装饰图案为莲花纹，莲花纹是我国古代的传统纹样，历史悠久，形式多样；四面的箱体用对称植物纹，协调美观（图 3-3-7 至图 3-3-10）。

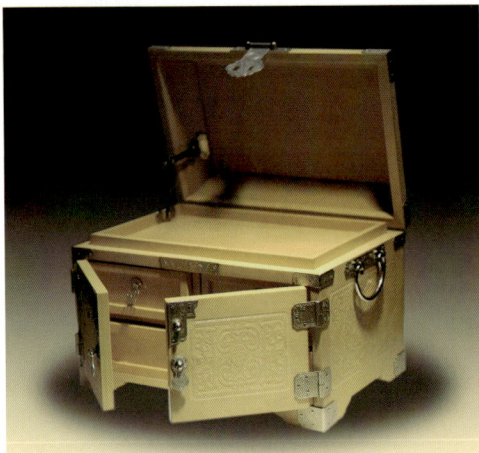

图 3-3-7　竹簧百宝箱整体

图 3-3-8　竹簧百宝箱正面

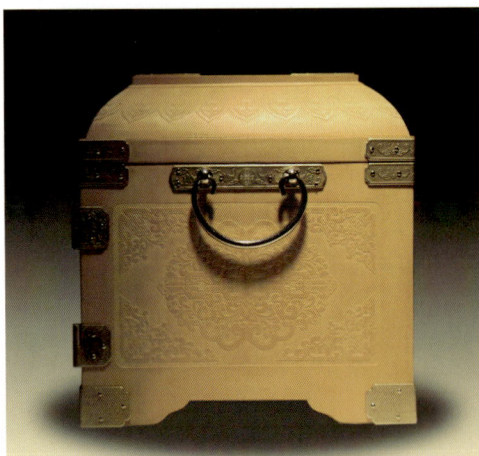

图 3-3-9　竹簧百宝箱侧面

图 3-3-10　竹簧百宝箱背面

5. 竹簧方鼎

此竹簧方鼎作品，其造型模仿中国古代的青铜鼎，在青铜鼎的基础上做了一些改良，比如四足为卷曲形状，这正是此方鼎的主要亮点。其造型规整，结构对称；鼎的边沿用回纹装饰，回纹是青铜器的常用装饰纹样；设计格调庄重浑厚，装饰图案协调美观（图3-3-11、图3-3-12）。

图 3-3-11　竹簧方鼎（揭盖图）

图 3-3-12　竹簧方鼎（加盖图）

6. 竹簧阴刻花瓶"富春山居图"

竹簧阴刻花瓶"富春山居图"在刻画山水时，选取全景，并充分利用器形的转折关系，使得画面密而不滞，灵秀多姿；结合国画传统的披麻皴、卷雪皴、折带皴、大小斧劈皴、鳞皴、横皴等手法，雕刻得工整精细，将山水、奇石、树木表现得淋漓尽致；将繁复的自然景色予以提炼，高度概括，采取了以小见大、以部分表现全部的手法；运刀流利，收放自如。这些雕刻手法充分体现了宝庆竹刻艺人深透的表现力和深厚的艺术功底（图3-3-13）。

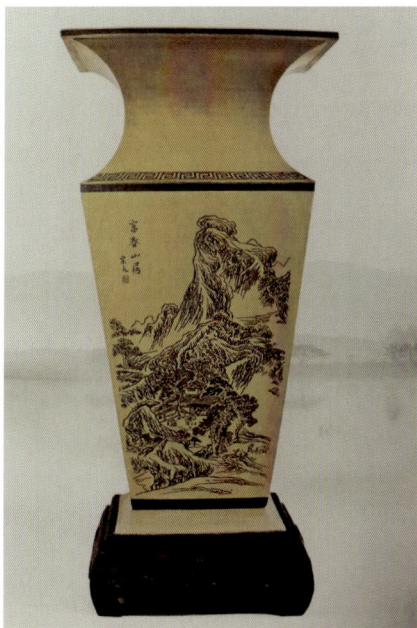

图 3-3-13　竹簧阴刻作品"富春山居图"

第四节 宝庆竹刻的传承人

一、明清时期宝庆竹刻艺人

潘一龙：字曾炳，别号云山樵子，邵阳武冈人，明嘉靖四十二年（1563）生。潘一龙喜好刻竹，由于举仕不应，而隐居云山，与同好刻竹为乐，是《宝庆府志》《武冈州志》明确记载的最早的竹刻名家，其侄潘应斗、潘应星曾录其刻竹心得和技艺而汇编为《大来堂制艺》一书，这是宝庆竹刻史上现存的第一本竹艺专著。

王尚智：字孝友，明崇祯十五年（1642）生，宝庆竹簧的创始人。王尚智自幼随堂兄王尚贤习竹刻，性情憨厚，好动脑筋。据传他在制作竹坯时突发奇想，用竹内簧试刻纹饰，后经多年摸索，终于制出了可用于雕刻的竹簧，并独创了一套刻簧的技法。这一重大发明，给宝庆竹艺乃至中国的竹刻工艺都带来了一场巨大的革命。

李新麟、李胜麟兄弟：清朝中晚期著名宝庆竹刻大师，邵阳新化人。兄弟二人极善竹簧雕刻，有"制簧能为弧弯，角折而不断裂"的绝技，所刻松林，如有涛声；所刻兰草，嗅之有香；所刻仕女，呼之有应。曾被当时的湖广总督张之洞选中，专门请到汉口为总督府刻制进贡朝廷的贡品，所刻之物献予皇宫后，深得慈禧太后欢心，爱不释手，并特赠李氏兄弟每人一份朝廷俸禄。

朱莲舫：邵阳湘乡人，清末民国初年宝庆竹刻大师，曾设"君子邻"竹艺作坊。朱莲舫和其子朱宝成擅圆竹雕刻，雕工高超，他精心雕刻的《双龙腾云献珠图》曾在"太平洋万国巴拿马博览会"荣获金质奖。

二、中华人民共和国成立后宝庆竹刻艺人

中华人民共和国成立后，从成立竹艺合作社到创办地方国营邵阳市竹艺厂，宝庆竹刻在当时大环境的影响下，得到飞速发展。名师大家层出不穷，最有名气的有：王民生、朱宣武、曾剑潭、胡恒明、喻文、邓顺仙、胡永明、蔡能安、喻立安、张觉民、艾克勤、黄国政、姚珍柏、罗巨良、刘时良、刘德义、张敬楚、粟干国、曾醒樵等。其中较具有代表性的是王民生、曾剑潭、胡恒明。

王民生（1887～1960），汉族，邵阳人，别号"白云山樵"，是民国至解放初期最著名的宝庆竹刻艺术家。王民生生长在一个竹刻世家，自幼喜爱竹艺，练就了一身竹刻艺术绝技，

雕工娴熟，工艺超群，擅长将国画技法和金石雕刻之法运用于竹刻，刀法爽利而流畅，构思奇巧而生动。民国时期，王民生与父亲王坚吾创办了宝庆有名的"友此君"竹艺作坊，作品曾多次到国外参展并获奖。1950 年，受中央人民政府委托，王民生、朱宣武、曾剑潭雕刻了《雄观沧海》等 8 件竹簧作品，作为毛主席为斯大林祝寿的贺礼。1956 年，其代表作《梅雀屏》在全国首届工艺美术作品展中荣获一等奖。

曾剑潭（1932～2012）：男，汉族，邵阳县人。字祥友，自号"小白云山樵"。早年拜著名竹刻大师王民生为师，擅长高浮雕、圆雕、透雕，号称"邵阳竹刻第一刀"，故又称"铁笔曾"。中华人民共和国成立之后，曾担任邵阳竹艺厂雕刻工人，雕刻车间主任和工艺美术师。1958 年，其首创的竹簧腹空圆形镂雕作品《高贵牡丹·双凤朝阳》帽筒，获全国工艺美术作品展一等奖、世界青年和平大会作品展一等奖。1963 年，曾剑潭率邵阳竹刻艺人组进京，为人民大会堂贵宾厅精心刻制了 2 幅题材为"洞庭衡山"的巨幅竹簧浮雕作品。2002 年，曾剑潭精心雕刻的高浮雕竹刻作品《青山不老松》获湖南省"五个一工程"奖。2007 年，其被文化部确定为国家级非物质文化遗产项目代表性传承人。

胡恒明（1931～），邵阳双清区人，出身于宝庆竹刻世家，自幼随父胡秉良学竹刻，主习翻簧竹艺，擅长竹簧阳刻、阴刻、浅浮雕刻，作品线条明快，构图讲究，刀法流畅，做工精细，善于用诗、书、画、刻并举的雕刻手法，体现浓郁的地方特色和鲜明的艺术特色。其代表作有《六方竹簧瓶》等。

三、新时代宝庆竹刻艺人

20 世纪 90 年代初宝庆竹刻出现断崖式塌陷，一蹶不振，邵阳竹艺厂被兼并，艺人基本改行，只有曾剑潭、胡恒明、喻文、刘德义、刘时良、杨屹楼、唐朝林、余进田、胡光荣、胡培远等老艺人在坚守，带徒授艺，使技艺得以延续。其中较具代表性的是喻文、杨屹楼。

2006 年，宝庆竹刻与嘉定竹刻被国务院列入首批国家级非物质文化遗产代表项目名录。通过数十年的传承发展涌现出邓剑锋、张宗凡、陆凡林、张交云、李胜得、王浩宇、唐文林、姚中发、李子迷、陈田安、杨佳、杨帆、曾汝屏、陈志龙、海建新、王建国、李健飞、李文峰、杨石生等一大批中青年艺人，他们是宝庆竹刻的中坚力量。他们刻苦学艺，积极创作，现已有五十余件作品在国家级、省级工艺美术大赛中获奖。

1. 高级工艺美术师喻文

喻文（1938～），邵阳市人，邵阳竹艺厂高级工艺美术师，中国美术家协会会员，14 岁进入邵阳竹艺生产合作社，他和年轻技工一起，对竹雕工艺，特别是竹簧雕刻工艺和造型进行大胆的改革和创新，实现了竹簧器形加工的半机械化，并解决了竹艺产品怕虫蛀、怕霉变、怕受潮、怕受燥的"四怕"难题，独创了竹簧火绘电绘工艺。1959 年，喻文被选派到长沙为北京人民大会堂湖南厅刻制潇湘八景挂屏。1963 年，喻文为北京人民大会堂创作大型竹刻挂屏。另外，其设计的竹简书获得专利，产生了较好的经济效益。

2. 国家级代表性传承人张宗凡

张宗凡（1968～），男，湖南武冈人。汉族，民建会员，高级工艺美术师，国家级非物质文化遗产代表性传承人。中国工美行业艺术大师、中国工艺美术学会民间工艺美术专业委员会会员、民建中央书画院湖南分院艺委会副主任、湖南省工艺美术大师、湖南省工艺美术系列高级职称评委、湖南省工艺美术大师评委、邵阳市宝庆竹刻研究所所长、邵阳市特教职业技术学校教师，享受湖南省政府特殊津贴。其设计创作的竹簧雕刻作品多次荣获国家级、省级工艺美术大奖赛金奖，数件作品被博物馆收藏。另外，其多次参加世博会、国际非遗节、两岸文化交流等民间技艺展演活动。

3. 省级传承人张交云

张交云（1964～），宝庆竹刻省级代表性传承人，出生于邵阳木工雕刻世家。家庭的熏陶使张交云从小就对竹木雕刻十分喜爱，也为他之后竹刻技艺的学习打下了基础。1990 年，张交云拜师宝庆竹刻大师曾剑潭，经过刻苦的学习，在业内逐渐声名鹊起，在第 46 届全国工艺品"金凤凰创新产品设计"大赛中获银奖，在 2014 年"中国原创百花杯赛"中获"中国工艺美术精品奖"银奖。

4. 市级传承人陆凡林

陆凡林（1963～），汉族，男，邵阳市人，出生在竹木雕刻世家。湖南省工艺美术协会会员，工艺美术师，湖南省邵阳市市级竹木根雕技艺传承人。

5. 市级传承人王浩宇

王浩宇（1974～），汉族，男，高级工艺美术师、湖南省工艺美术大师、宝庆竹刻市级传承人。其出生于湖南邵阳的一个美术世家，从小就练就了扎实的美术基础，后来就读于湖南师范大学工艺美术专业。毕业后一直致力于学习传统的木雕、竹刻技艺，是国家级非物质文化遗产宝庆竹刻代表性传承人曾剑潭的得意弟子，作品曾荣获 2009 年中国工艺美术"百花奖"铜奖。

王浩宇经常向师傅曾剑潭、胡恒明等宝庆竹刻界的老艺人学习请教，同时与浙江省的翻簧竹刻国家级传承人罗启松有着密切的交流与联系。翻簧技术是宝庆竹刻的重点，从锯竹、去青、蒸煮、翻揉，到复杂的器形工艺，王浩宇通过反复练习最终掌握整个技艺。王浩宇传承了古老传统工艺的脉络，又在技术上加以改革和创新，制作出了竹簧层雕花瓶。在宝庆竹刻最辉煌的时期，曾有人尝试创作过竹簧宫灯，但由于后继乏人，竹簧宫灯制作技艺一度失传。王浩宇通过不断地学习、探索，把沉寂了近半个世纪的竹簧宫灯技艺予以恢复，并在技术上有了崭新突破（图 3-4-1）。

图 3-4-1　王浩宇作品"竹簧宫灯"

第五节　宝庆竹刻的传承与应用

目前湖南省有国家级非物质文化遗产项目 118 项，湘西南少数民族地区非物质文化遗产资源丰富，是湘西南地区少数民族传统文化的活化石。如此深厚的文化土壤，与之相对应的文化产业层次却相对较低，还停留在作坊式生产，产品附加值没有衍生出来。如国家级项目滩头木版年画、花瑶挑花、宝庆竹刻的销售渠道还只局限为外交礼品、艺术收藏，没有真正走入市场。

邵阳市非遗研究中心致力于宝庆竹刻的传承和发展，2007 年组织竹刻艺人成立了"邵阳市宝庆竹刻研究所"。宝庆竹刻研究所由国家级传承人、高级工艺美术师张宗凡担任所长，隶属邵阳市非遗保护传承研究所管理，主要从事宝庆竹刻的传承、教学和生产。现有国家级传承人 1 人、省级传承人 1 人、市级传承人 3 人，传承人队伍齐备，涵盖原材料、器形、雕刻等各个领域。2008 年在邵阳市特殊职业技术学校建立宝庆竹刻人才培训基地，到 2017 年基地已有展览厅、接待室、生产厂房、传习教室等约 600 平方米，竹簧加工制作设备一套，传统竹艺制作设备一套；在邵阳特教职业技术学校开设竹刻班，为宝庆竹刻的传承提供了人才和技术力量保障，目前已培养竹刻人才 50 余名；2017 年在市非遗展览馆内设置 200 平方米的宝庆竹刻展区，展出了 20 余名竹刻艺人的作品。

宝庆竹簧独特的工艺，使其在雕刻和制作竹簧过程中，共需 30 多道工序，各工序紧密相连，任何一个环节都不能出现错误，否则将前功尽弃。一件高质量的竹簧雕刻作品少则需要花费几个月，多则需要几年时间才能完成。这样一来，就制约了其向产业化发展的方向，主要体现出两个方面的问题，首先，直接导致宝庆竹簧雕刻作品产量小，很难一次性订购数百件产品，这与产业化批量性生产的特点不相符合。其次，宝庆竹刻技艺目前只有几位传承人掌握，由少数几位传承人花费数月时间雕刻的作品，自然售价高达几千至几万不等，令大多数购买者望而却步。因此，宝庆竹刻要向产业化模式发展，就要既出精品，又要制作一些能为广大消费者接受的简单品类。这样才能不断提高知名度和影响力，使这门古老的民间工艺品技艺得以长久流传。

近年来经过多方努力，宝庆竹刻非遗项目合理利用和开发初见成效，通过结合现代元素和市场需求，不断增强活态传承的能力。首先，宝庆竹刻紧跟文创产业发展的潮流和趋势，为满足人们对美好生活的追求，创新了品种和门类，发展出了许多适应现代人生活需要的品类。这些品类分为文房用品、装饰用品、日用品、家居用品等几大类别。比如，竹簧相框、竹簧茶叶盒、竹簧音响、竹簧水杯、竹簧盘子、竹簧台灯、竹簧钟表、竹簧果篮等（图 3-5-1 至图 3-5-10）。这些器形有些全部用竹簧制作，还有一些只有外部材料是竹簧，既是实用品也是艺术品。宝庆竹刻和现代设计的结合，使其发展迎来了新的春天，为地方经济发展创造了巨大的价值。其次，宝庆竹刻建立了生产性保护基地，通过产学研结合路线，由邵阳学院艺术设计学院联合地方企业成立华立竹木创新设计产业学院，以宝庆竹刻为文化根基，致力于研究竹木产品，以工艺创新为基础，挖掘竹木文化，实现竹木产业可持续发展，为湘西南地区文化和经济的振兴做出了巨大贡献。再次，宝庆竹刻在未来的推广中与新媒体合作，运用H5等群众喜闻乐见的传播手段，利用报纸、网络、电视等现代媒介，大力宣传宝庆竹刻文化，发挥博物馆、图书馆、文化馆等公共文化机构的作用，让宝庆竹刻文化深入群众。

图 3-5-1　宝庆竹簧文创产品"竹簧音响"正面

图 3-5-2　宝庆竹簧文创产品"竹簧音响"侧面

图 3-5-3　宝庆竹簧文创产品"竹簧碟子"

图 3-5-4　竹簧书房小件竹石图

图 3-5-5　竹簧文房用品

图 3-5-6　竹簧屏风

图 3-5-7　竹簧画《西厢记》

图 3-5-8 竹刻笔筒三件

图 3-5-9 竹刻《金刚经》

图 3-5-10　竹簧茶壶

第四章　邵阳布袋木偶戏

第一节　邵阳布袋木偶戏的历史源流

中国古老的木偶戏是一种重要的民间戏剧形式，是一种运用机关木人来进行角色故事表演的戏剧。其种类主要分为：布袋木偶戏、杖头木偶戏、提线木偶戏等三大类。中国布袋木偶戏的历史悠久，源远流长。据考证，布袋木偶戏源于汉代，发展于唐、宋，盛于明、清，衰落于民国。在汉代有各种木制的俑，是木偶戏偶最早的雏形。邵阳布袋木偶戏是中国布袋木偶戏的一个重要分支，又因表演艺人藏身于一个由蓝印花布布袋围成的戏台内，用双手表演套戴在手上的小木偶而得名"被窝戏""掌上戏"。邵阳布袋木偶戏在曾经的农耕文明时代，扮演着酬神娱人的重要文化角色，深受当地百姓的喜爱，于2006年被选入首批国家级非物质文化遗产代表性项目名录。

邵阳布袋木偶戏在演出时，主要由民间艺人用手指操纵木制玩偶进行表演，一边操纵木偶，一边说唱，手脚并用奏以乐器音效，因此邵阳布袋木偶戏称作"一个人的独角戏"（图4-1-1、图4-1-2）。邵阳布袋木偶戏自元末传入宝庆府（今邵阳），经明、清、民国，一直在宝庆南路（今邵阳县九公桥镇一带）演出，在《宝庆府志》中有"宝庆南路耍把戏"的记载。邵阳布袋木偶戏曾经是当地老百姓红白喜事、节日庆典等民俗活动的重要节目，但凡村里有人做寿或者嫁娶必请布袋戏艺人前去表演助兴。民国时期，因为战争的影响，曾经濒临绝迹，今仅在邵阳县九公桥燕窝岭一带流传。所幸被列入国家非物质文化遗产以来，邵阳布袋木偶戏受到了政府重视以及各大媒体和专家学者们的关注，因其神秘新奇的特点，先后得到央视10套、湖南卫视、湖南广播电视台经视频道的宣传和报道。中央电视台戏剧频道2005年播出了邵阳布袋木偶戏的专题纪录片；中央电视台科教频道《探索与发现》栏目2010年对邵阳布袋木偶戏做了专题报道。邵阳布袋木偶戏迎来了新的发展契机。

图 4-1-1　邵阳布袋木偶戏的戏偶

图 4-1-2　邵阳布袋木偶戏的戏偶

　　邵阳布袋木偶戏历史悠久，距今已经有六百多年的历史。关于邵阳布袋木偶戏的历史源流有河南传入和福建传入等几种不同的说法，这些都无从考证。而据《刘氏族谱》记载，邵阳布袋木偶戏的先祖刘公为躲避战乱，携带家眷，从江西辗转到湖南邵阳县的九公桥镇一带，在偏僻的燕窝岭定居下来，并将邵阳布袋木偶戏的表演技艺在刘姓家族中世代流传，几百年来也是秉承了"传男不传女，传内不传外"的祖训。邵阳布袋木偶戏的传承是心口相传，师傅唱一句，徒弟唱一句，如今在邵阳布袋木偶戏的表演和唱词中，仍然有个别台词的发音确实如江西的方言发音。

　　过去每到农闲时节，布袋戏艺人都会肩挑戏担，前往周边省市演艺。肩上的戏担不仅搭建后是戏台，晚上也是布袋戏艺人防寒的被子。邵阳布袋木偶戏艺人的足迹遍布了四川、贵州、云南、广西等，经常一离家就是半年的时间。通常在九月秋收之后离家演艺，要到第二年的清明之后才会返回。在《宝庆府志》记载的《竹枝词》中生动地描写了"梨园弟子不知耕，村村演艺赛秋成"的句子，意为凭借演艺技能，邵阳布袋木偶戏艺人足以养家糊口，不用参与耕种劳动。邵阳布袋木偶戏国家级传承人刘永章印象最深的是，他在广西表演一天挣了72元，当时民办教师一个月的工资才30元。一个人能够挑着戏担，如此广范围地表演，这与邵阳布袋木偶戏的特点分不开。20世纪六七十年代，是邵阳布袋木偶戏发展的高峰时期，在没有电视和电影的年代，人们农闲时的娱乐方式匮乏，邵阳布袋木偶戏简便而精彩，田间地头，巴掌大的地方就能支起戏台，凑齐三五个观众便可以开唱，一曲曲历史演义、一幕幕人间悲喜剧就这么生动地上演了。

第二节　邵阳布袋戏表演技艺和戏偶个性

一、邵阳布袋木偶戏表演技艺

　　邵阳布袋木偶戏表演的戏台像是能够折叠的四方桌，桌子内设大口袋，可以用来放置戏偶，并且用一根扁担就能将戏台轻松地挑起，游走八方演艺。邵阳布袋木偶戏的表演也只需要一个人，由一个人手脚并用，敲打戏台下设置好的机关绳索，配以锣钹奏乐，并且一个人自问自答地说唱对话，就能演奏出热闹精彩的布袋戏节目（图4-2-1）。

　　邵阳布袋木偶戏戏台的柱子由9根长约83厘米、宽约3厘米、厚5厘米的楠木组装而成，四周的木条上有小挂钩，戏台的正面雕刻有福禄寿三位神像。戏台两侧设有出将入相的马门，戏台前是两根雕龙画凤的柱子（图4-2-2、图4-2-3）。

图 4-2-1　邵阳布袋木偶戏剧目《青龙山》表演

图 4-2-2　邵阳布袋木偶戏的戏台正面

图 4-2-3　布袋戏舞台

构成戏台的还有条特别的长板凳和一根扁担。板凳上刻有 10 个小孔,小孔中穿插绳索,用来带动敲打锣鼓、钹、铛的机关,艺人通过脚套住绳索带动机关,巧妙地使这些演奏乐器发出声音。表演布袋戏时,艺人将木凳摆稳,把锣鼓等各样乐器装在板凳的机关上,将扁担插在板凳中间的固定孔里,用装有钢插的一头顶起戏台,把戏台打开,将用来御寒的蓝印花布围挂在戏台四周的挂钩上,戏台就搭好了(图 4-2-4)。然后艺人钻进戏台的布帷里,将制动各式乐器的细绳索套在双脚上,把摆放木偶道具的布搭链系在腰上,把骨制的叫子含在舌头下,通开台锣鼓,叫子一响,声腔开,顶在艺人手掌上的小木偶就踩着锣鼓点,人模人样地从马门中蹓出来,一曲曲历史演义、一幕幕人间悲喜剧就在观众的喝彩声中开场了。笔者在邵阳县九公桥考察时,有幸欣赏了国家级传承人刘永章的表演,当时正逢炎热的盛夏时节,戏台布帷不通风,刘老师在表演完一场戏后大汗淋漓,全身都湿透了,在此非常感谢刘老师。

图 4-2-4　邵阳布袋木偶戏台内绑在长凳上的机关

表演邵阳布袋木偶戏时，木偶套在手上，食指套在木偶头里，木偶头从脖子往上镂空，便于衣服直接缝在脖子上，操控头部、眼睛和口舌及偶的身体，既古朴简单，又灵巧方便。表演时，艺人像戴手套，戏偶的衣袍遮住了表演者的手，拇指和其他三指分别操纵木偶的左右手（图4-2-5）。

邵阳布袋木偶戏开台用的叫子，由艺人自制，是用猪小腿骨头磨制而成，长5厘米，宽3厘米，中间嵌有薄钢片，用细牛筋绑扎，置于舌尖下。艺人们经过长久苦练，一般都能用"叫子"吹奏过门音乐，模仿乌啼鸟鸣、金戈铁马之声，技艺高超者甚至可以模仿男女之音、老幼之言，惟妙惟肖。

图 4-2-5　邵阳布袋木偶戏艺人用手操纵木偶

二、邵阳布袋木偶戏的艺术个性

邵阳布袋木偶戏的木偶造型有种狞厉拙巧之美。在材质上采用木料和布料制作偶人。偶人头采用当地盛产的樟木雕刻而成，樟木有坚硬不易变形等特点。在雕刻完成头部的粗坯之后，经过打磨、开脸、上清漆等多道工序，完成头部五官的塑造，再配以冠冕、胡须等装备，一个活灵活现的木偶头部就完成了。木偶的面部与其他许多的戏剧形式一样，也分为黑脸、花脸等角色。花脸唱的是丑角，比如《青龙山》剧目中，蛇精大王手下小妖的造型就是花脸。脸谱的描绘全凭艺人自己对角色的理解，邵阳布袋木偶戏艺人大都没有美术功底，但是他们所描绘的脸谱却异常生动，有种拙雅质朴之美，体现了民间大众的审美。邵阳布袋木偶的衣袍制作比较简单，由布袋戏艺人用碎布缝制，只有简单的衣袍、领口和袖子，衣袍的形制必须宽大，以便于艺人将手伸入衣袍内操纵木偶。依照木偶在剧中扮演的不同角色，着半截袖的直筒形戏袍，长约20厘米，再配以头冠发饰，一个戏偶的造型就完成了。简单的戏服款式便于操作表演，衣服的样式和通常的传统戏服一样有蟒、靠、褶、褂、帔、衣等各类，帝王将相着蟒袍，武将穿甲靠，衙役兵丁穿褂子，平民百姓穿褶，布料和颜色由艺人根据不同角色身份搭配设计（图4-2-6）。

　　木偶头部的机关设计非常灵巧，尽管材料是木头，但艺人费尽心思力求表演得生动传神。为了能够生动地展现角色的表情，艺人将一些很有特色的角色面部设计了一些活动机关，如猪八戒的眼珠是可以转动的；花脸小妖的眼、鼻、口中间区域是一块活动的木头，便于表演滑稽的面部表情；青龙大王不仅眼珠可以转动，而且胡须下颚亦可以上下活动，使得木偶这种呆板的材质能传递出惟妙惟肖的生动表情。全凭一个人操纵这么多的机关，手、脚、口并用，让我们不得不佩服艺人的聪明才智和高超的表演技艺（图4-2-7）。

图 4-2-6　邵阳布袋木偶戏剧目《青龙山》戏偶

图 4-2-7　邵阳布袋木偶戏木偶脸部的机关设置

第三节　邵阳布袋木偶戏的故事剧本

邵阳布袋木偶戏是底层劳动人民的审美趣味和精神慰藉。邵阳布袋木偶戏传人、国家级非物质文化遗产继承人刘永章介绍说，他所唱的剧本主要分为目连戏、鬼怪戏、武打戏、滑稽戏几大类。邵阳布袋木偶戏艺人的文化水平普遍不高，初中文化程度的唐平清已是传承人中读书最多的。目前，邵阳布袋木偶戏最年轻的传承人已经五十岁，年纪最大的传承人已经有八十岁高龄。邵阳布袋木偶戏的剧目台词没有书籍和文字记载，靠的是心口相传，这非常考验表演艺人的记忆力，因为一场剧目表演至少40分钟的时间，每个角色的每句台词全靠一个人来表演，这期间台词不能记窜混淆，对于上了年纪的老人来说不是一件容易的事情。

邵阳布袋木偶戏在传承的过程中，大量吸收当地祁剧、花鼓戏等地方剧种的剧目，由艺人根据演出的需要和布袋木偶戏的特点进行改编和伸缩。邵阳布袋木偶戏现在保留的传统剧目有西游记系列（图4-3-1）、封神演义系列、目连救母系列、三国演义系列、隋唐演义系列。邵阳布袋木偶戏艺人善干根据古典名著如《三国演义》《水浒传》《西游记》《封神榜》等改编，经过改编的代表性剧目有《青龙山》《关公战长沙》《猪八戒背媳妇》等。传承人刘永章唱得最多的就是《青龙山》，每次公开表演都唱这个剧目。刘永章曾经被湖南卫视邀请在《越策越开心》栏目进行表演，《青龙山》描述的是唐僧一行师徒四人如何降伏蛇精青龙大王、前往西天取经的故事。

图4-3-1　邵阳布袋木偶戏偶"孙悟空""猪八戒"造型

邵阳布袋木偶戏艺人所表演的剧目还有根据地方的民间传说改编的故事，如《杨孝打虎》《智取巴州》等。由布袋戏艺人创作于"文革"期间的《杨孝打虎》立意是响应当时"打倒纸老虎"的口号，地方风味浓郁，曾在当地红极一时。这个故事人物性格刻画鲜明到位，情节跌宕起伏，内容诙谐幽默。

邵阳布袋木偶戏的音乐唱腔早期以山歌、小调、散曲为主，后来吸取地方戏音乐，以祁剧唱腔为主，有弹腔、高整、弋阳腔、快板、慢板等。艺人根据剧情表现的变化需要进行转换，充分表现了邵阳布袋木偶戏艺人的演唱功底和即兴表演才能。

邵阳布袋木偶戏剧目内容多是人们耳熟能详的民间故事、神话、小说题材等，这些故事在当地已经广为流传，如武打戏中的剧目主要有富有地方风味的《青龙山》《关公战长沙》等。这些剧目内容上既有激烈的打斗又有幽默搞笑的段子，情节跌宕起伏引人入胜。邵阳布袋木偶戏的音乐风格古朴纯真，吸收本地的花鼓戏、祁剧等地方戏曲音乐和唱腔，再加上演出时艺人根据剧情需要的吆喝声，音乐风格就更有韵味。

邵阳布袋木偶戏中所使用的打击乐器锣、鼓、钹等都有着浓厚的湘西南乡土风味。如《青龙山》剧目中的背景音乐：风雨松、大开门、风赶雨、十三槌、一二三、双凹起、风雨松、单长青、双长青、锣鼓声中悟空（出场）。悟空一边舞棍一边唱台词到"悟空生来无敌挡，花果山上为猴王，大闹天宫称英豪，保护师傅去取经"（下）。唐僧骑白龙马（出场），"贫僧唐三藏，奉东土唐王圣旨前往西天拜佛取经……"

第四节　邵阳布袋木偶戏的传承人

一、国家级传承人刘永章

刘永章（1942～），男，出生于邵阳县九公桥镇白竹村，国家级非物质文化遗产邵阳布袋木偶戏代表性传承人，布袋戏表演技艺为其家族祖传。1963年，刘永章跟随父亲和叔父刘恒贵学唱布袋戏，先后随师傅到贵州、广西等地演出。主要剧目有《孙悟空三打白骨精》《杨孝打虎》《三国演义》《青龙山》等经典名剧。刘永章是刘家永字辈中布袋戏表演技艺最高的一个。刘永章对戏文拿捏得非常准确，表演到位，演出深得民众喜爱。2006年邵阳布袋木偶戏被列为国家级非物质文化遗产保护项目，刘永章积极参加项目的保护和宣传工作，曾经接受中央电视台、湖南卫视等诸多媒体的采访，为邵阳布袋木偶戏的传承和推广做出了巨大贡献（图4-4-1）。

二、国家级传承人刘永安

刘永安（1946～），男，出生于邵阳县九公桥镇白竹村，是刘氏家族的第十八代传人。和哥哥刘永章一起跟随叔父刘恒贵学习布袋戏表演技艺，第二批国家级非物质文化遗产项目木偶戏（邵阳布袋木偶戏）代表性传承人，现在一直在从事邵阳布袋木偶戏表演和传承的工作（图4-4-2）。

图 4-4-1 国家级传承人刘永章表演布袋戏

图 4-4-2 国家级传承人刘永安表演布袋戏

三、省级传承人唐平清

唐平清（1954～），男，出生于邵阳县黄塘乡横冲村，1968年毕业于黄塘中学。唐平清年少时就师从刘恒凤学习布袋戏，17岁便能上台操作表演。其主要代表作品有《高老庄》《流沙河》《三调芭蕉扇》。

四、市级传承人刘文武

刘文武（1941～），男，出生于邵阳县九公桥镇白竹村木桐桥，1954年毕业于九公桥镇荷叶小学。其主要的代表作品有《大闹高家庄》《青龙山》《武松打虎》《黄河摆渡》《火焰山》等传统剧目。

第五节　邵阳布袋戏活态传承的几点思考

非物质文化遗产大多具有鲜明的地域产业发展与非遗保护良性互动的特色，其蕴藏着的文化基因与精神特质，具有深刻内涵和特定审美意义，折射出特定的民族文化心态，其传承保护和开发更值得关注。当前，充分挖掘非物质文化遗产资源，传承和创新性开发是实现非遗活态传承的重要路径

邵阳布袋戏是一种用木偶来进行戏剧表演的艺术形式，经历六百多年的发展，逐渐由民间艺术向专业艺术转化，并向全国和世界范围传播。1956 年 9 月，邵阳布袋戏艺人刘恒贵出访捷克斯洛伐克，表演布袋戏《三打白骨精》获得巨大成功。然而，近年来，随着人们娱乐方式的改变和电视电影的普及，邵阳布袋戏的观众市场已经逐渐消失。布袋戏后继乏人，最年轻的传承人已年近六旬，不仅如此，艺人同时还面临着无戏可演的境况，只有偶尔接受前来调研的专家学者邀请的表演，当前邵阳布袋戏亟须探索出一条新的传承之路。

调查发现，在当今世界，不乏将布袋戏产业化的成功案例，比如意大利西西里木偶戏也曾经历过工业文明的冲击，面临发展的瓶颈。意大利政府通过文化旅游，将木偶开发成旅游纪念品，使其重新赢得了市场。中国台湾霹雳布袋戏运用高科技的影音视听特效技术，将传统的布袋戏创新成为富有动漫意味的年轻人喜闻乐见的形式。台湾霹雳布袋戏是和动漫玩具产业结合的成功案例，分析其成功之路，离不开对传统布袋戏文化精髓的继承和创新，也离不开运用动漫的设计手法对人物的造型进行重新设计和改良。意大利西西里木偶戏和中国台湾地区霹雳布袋戏的发展模式，既给邵阳布袋戏产业化发展提供了方向，也给湘西南少数民族地区其他非遗产业化提供了可资借鉴的经验。因此，具有"非遗"文化基因的旅游纪念品，既要有中国传统文化的审美特征和文化内涵，同时，在开发过程中应与时俱进，适度融入现代、年轻、时尚的符号元素，让这些古老的民间艺术重新焕发活力，将艺术变成生产力，创造出更多的经济价值。

一、邵阳布袋戏的活态传承需要重新找回市场

非遗保护传承的终极目标是重新建立非遗文化与人们日常生活水乳交融的联系。邵阳布袋戏曾经是地方劳动人民农闲时分的重要娱乐方式，从诞生之初就具有商业属性，而且只有在商品消费和表演市场正常发育的条件下才能够存在和持续发展。随着农耕文明被工业文明替代，布袋戏酬神娱人的功能已经丧失，与人们现实生活联系越来越少，其生存空间日益受到挤压。因此，邵阳布袋戏的传承不能独立于市场之外，应通过与市场需求结合，与观众的喜好结合，

与现代科技结合，实现多元化的传承和创新。现代人的生活节奏快，工作闲暇的时间喜欢选择让自己能得到放松的娱乐方式。电视节目中，娱乐搞笑类的节目收视率也是居高不下。邵阳布袋戏表演的故事剧本类别中有一种是滑稽戏，滑稽戏诙谐幽默非常有趣，将这类故事重新修改翻新，运用一些先进的影音和视觉特效，可以很好地适应现代人的市场。传统戏剧类非遗项目从创生之初就与市场相依存，具有与生俱来的经济属性，适用生产性保护的方式。但是，在少数民族手工艺类非遗生产性保护的过程中，要帮助市场各方突破迷茫和彷徨，厘清传统与产业化的边界，在产生经济效益的同时，尽可能保持其文化内涵的原真性。

二、邵阳布袋戏的传承需要壮大保护传承者队伍

面对邵阳布袋戏传承的困境，政府应该发挥主导作用，聘请有关专家组成专家委员会，指导非遗及其产品的抢救、保护和开发利用。一是设立抢救保护基金会，鼓励年轻人学习非遗技艺，支持非遗抢救保护和开发利用工作。二是建立非遗传习所，传习所严格按照《中华人民共和国非物质文化遗产法》和地方相关保护法规开展传习活动，建立激励机制，分年龄阶段对传承人每月发放特殊津贴，提高传承人的积极性。三是在规范、壮大非遗表演和创作的同时，适时举办全国性或地域性的节会文化活动，带动包括民宿、餐饮、旅游纪念品销售、现代农业等在内的旅游经济，实现村民在家门口创业致富，让他们尝到甜头，主动加入各地非遗的保护传承中来。

三、将布袋戏偶开发成富有特色的旅游纪念品

邵阳布袋戏的顺利传承需要重新与人们生活建立各种各样的联系，为其注入科技含量，实现一定的实用功能。目前，湘西南少数民族地区的旅游纪念品多从义乌、广州等小商品市场进货，所售旅游产品普遍存在千篇一律、内容单一的问题。在批量化的机械时代应坚持传统与科技结合，保持非遗原有的精细打磨的特点，致力保持其匠心的文化积淀，保持传统和市场相融共生。著名民俗专家向云驹指出："弘扬优秀传统文化应加大对这一文化资源的开发和利用。民间文化具有广泛的社会功能，应努力发掘这些功能，发挥其现实功用。民间文化同样具有市场开发价值。比如，在旅游发展中，民间文化资源就是旅游资源。"通常，游客在挑选旅游纪念品时，更倾向选择能代表该地区特色的、富有文化内涵的产品，将民间文化资源应用于旅游纪念品开发，使其独具民俗风情和地域象征性，有利于提升旅游纪念品文化内涵。邵阳布袋戏是我国现存唯一的原始布袋戏，其戏偶形制小巧便于携带和把玩，造型和工艺独特，戏偶的服饰、脸谱都融入了强烈的地方特色和乡土气息，开发成旅游纪念品定能传达别具一格的文化信息。在目前的非遗旅游纪念品开发市场中，一是要广泛挖掘和应用非遗项目中独有的文化特色。二是非

遗产品的开发要特别注重选材用料，这是当前国家注重环保的需要。非遗旅游纪念品选材必须讲究，要多生产游客青睐的天然、耐用、可玩度高的木质玩具。相比工业化的塑胶玩具、金属玩具和电子电动玩具，木质玩具更加环保、健康。三是要注重开发品种的多样性。为了保证各地旅游纪念品的多样性，除了材质上的环保性，非遗旅游纪念品的设计开发同时要注重其功能性，可充分利用各地非遗中的绘画、雕刻、服饰、音乐、舞蹈等艺术元素，开发制作成满足日常生活需要的小饰品、艺术摆件、儿童玩具、工艺收藏品等，逐步形成具有本土特色的邵阳布袋戏偶文化创意产品。以非遗项目蕴含的深厚文化与传统工艺为基础，通过品牌化、系列化、特色化的设计，以旅游纪念品的形式，展示和宣传地域特色文化，丰富湘西南少数民族地区旅游产品市场。创作的作品无论是主题、技法还是工艺，都能促进非遗传统技艺的传承和创新。

对于非遗技艺的传承，湘西南少数民族地区非遗的开发与产业化之路不可能一蹴而就，需要精心布局，合理规划，增强产品的趣味性和科技含量，走一条符合地区文化特色的产业化之路。比如，在布袋戏偶开发成旅游纪念品并走向市场的过程中，要最大限度与现代文化科技前沿领域契合，既能出大师级布袋戏演艺精品，也能生产群众喜欢又能买得起的布袋戏偶，开启结合文创产业的科技转型之路。

四、与地区文化旅游结合开展布袋戏表演体验旅游

当前，文化旅游被重视的程度在不断升高，为推动文化旅游发展，国家和地方政府都陆续出台了很多政策和指导意见，越来越多的非遗项目走上了和文化旅游相结合的发展之路。湘西南地区山水秀美，非遗资源丰富，文化旅游可当成这些非遗项目保护和传承的一种重要手段，通过市场化运作，将邵阳布袋戏转化为各种形式的文化名片、旅游纪念品和文化服务，促进文化旅游，最终实现湘西南少数民族地区本土文化的经济价值，从而达成湘西南贫困山区早日脱贫致富奔小康的目的。

总而言之，邵阳布袋戏体现了地方风俗和文化，将之转化为各种形式的文化名片，不仅能拉动湘西南少数民族地区经济增长，也能传播和弘扬传统文化，使古老的非物质文化遗产与现代社会形成新型的文化共生关系，启迪着各个行业和坚守在非遗各门类的传承人、管理者，以各种不同的姿态和心情，走进人们的生活之中。

第五章　邵阳蓝印花布印染技艺

第一节　邵阳蓝印花布的历史源流

蓝印花布工艺自宋朝起至今已有一千多年的历史，在全国各省都有分布，其中以江苏南通、浙江温州、云南大理、贵州丹寨、湖南湘西和邵阳最负盛名。各地的蓝印花布大体来说分为印染、扎染、蜡染等类别，根据不同的地域和民俗文化，艺术特色上呈现出纷繁多样的情况。湖南湘西凤凰县和邵阳市邵阳县作为湖南省非物质文化遗产的传承点，在全国的蓝印花布市场上具有较大的影响力。

邵阳蓝印花布的产地五峰铺镇地处湘西南地区，位于邵阳、衡阳和永州三市的交汇处，是一座有几百年历史的古镇。在这里，关于邵阳蓝印花布的由来有一个民间传说：相传，之前一位葛姓小伙子专门从事染布的生意，有一次，他晾晒在竹竿上的布不小心被风吹到了地上，等他发现时，布已经变成了一种特殊的青蓝色，非常好看。他非常惊讶，细心地查看了周围的环境，发现在布落地的地方有一丛蓼蓝草，正是这种草所含的一种叫靛蓝的天然成分将布染成了蓝色。他经过研究发现这种草学名叫作板蓝根草，这位葛姓小伙就成了蓝印花布祖师。

邵阳蓝印花布广泛流传于周边各个乡镇，至今已有1000多年的历史。自明代以来，邵阳就是西南部地区蓝印花布的生产中心，因此也享有"蓝印花布之乡"的美誉。由于邵阳资江便利的水运条件，可以直达长江边的武汉码头，商贾云集，贸易繁荣。旧时女儿出嫁，一床蓝印花布的被子是必不可少的嫁妆。不仅是被子，就连门帘、枕巾、头巾、围兜、桌布等家纺日用品用的都是蓝印花布。在普通老百姓的心目中，邵阳蓝印花布不仅独具历史文化底蕴，而且用板蓝根靛蓝印染出来的布更有增强抵抗力和预防疾病的作用，是其他的布料所不能比拟的。

第二节　邵阳蓝印花布的工艺流程

　　"邵阳蓝印花布"在当地简称为"印花布"，因使用豆浆混合石灰粉进行防染，所以"印花布"又被称为"豆浆布"。运用豆浆和石灰粉配比调制成防染的材料是邵阳蓝印花布首创，其他地区的蓝印花布防染料用的是蜡。2008年邵阳蓝印花布印染技艺被公布为第二批国家级非物质文化遗产代表性项目扩展项目，2018年入选为第一批国家传统工艺振兴目录。

　　邵阳蓝印花布印染技艺的基本工艺流程总体来说分为制作印花版、防染、浸染和后期处理四个模块，在每个模块中又分为了多个步骤。

一、制作印花版

　　邵阳蓝印花布所用的传统的印花版为牛皮纸所制，需经过一系列烦琐的制作工序，能够较长时间保存，使用寿命可达数年（图5-2-1）。印花版的制作过程分为裱版、描图、打版、上桐油、晾干、压平等六个小步骤。

图 5-2-1　艺人在修复老印版

　　第一步是裱版，裱版所用的纸为牛皮纸，因为一张牛皮纸很薄，做出的版不耐用，因此，一般要裱十层到十二层的厚度牛皮纸，以达到经久耐用的目的。第二步是拷贝图案，即描图，这个步骤是将之前画在纸上的图案草图拷贝到牛皮纸做成的模板上。拷贝方法和很多艺术图案拷贝的方法一致，即将印有图案的纸放在台灯前面，再拿一张没有画图案的纸放在有图案的纸上面，照着被灯光透过来的图案画，也可用现成的版描摹画稿。第三步是打版，将拷贝好的牛皮纸板平放于木砧板上，用各种刻刀、凿子等工具将所需的图形凿刻出来。在凿刻的过程中要求用力均匀，一边凿刻一边清理出废纸，特别注意形状连接处的纸张不可断掉（图5-2-2）。第四步是上桐油，用刷子均匀地将桐油刷上去，然后悬挂于通风处阴干即可。第五步是晾干，为防止纸板太脆影响后期操作，在晾干之前要在印花纸板上洒上水，再把印花纸板挂在栏杆上面，等水不滴了即可。第六步是压平，将晾干的印花纸板用重物压平，以防有局部地方凸起或者褶皱。

图 5-2-2　雕刻印花版

二、防染

　　邵阳蓝印花采用的是豆浆、石灰混合防染的方法，分为调制防染浆、印花两步程序。第一步是准备浆料，先将黄豆去其表皮，用簸箕将黄豆表皮筛去，用水浸泡，再用石磨将浸泡过的

黄豆磨成浆汁；同时，用筛子筛选石灰，留下精细的石灰粉；最后将磨好的黄豆浆和石灰按照
1∶2.5 的比例均匀调和（图 5-2-3）。第二步是印花，将之前做好的刻有纹样的印花版放置
于白布上压平，再把调好的浆料顺着花版均匀地刮印于印花版镂空处；在刮浆料的过程中速度
要快，所有的区域都需要趁浆料风干前完成。

图 5-2-3　配豆浆、石灰

三、浸染

　　用来浸染的染料有植物染料和化学染料两种。植物染料的调制是将板蓝根草的叶子与石灰
粉混合，待到发酵后将沉淀的靛蓝萃取出来，加入适量的米酒和清水，放入染缸加以搅拌，等
到染液自然发酵呈蓝绿色即可使用。

　　化学染料的调制是先用调羹舀取土靛蓝粉末、烧碱、保险粉分别称量，三者按照一定比例
分别投进染缸。

　　浸染时，尽量将印花坯布平置于染缸中，一方面能够使布上色均匀，另一方面也可防止防
染浆脱落。为了便于浸染过程中能够很好地观察染色的效果，染布时艺人会先用铁钩的一端勾
住布料的边线，然后再将布放入染缸中。普通棉布在常规情况下应在染液中浸泡 10 到 15 分钟，
浸泡后将呈现绿色的布料用铁钩从染液中拉出，将铁钩另一端挂在撑于染缸正上方的木架上，
静待其自然氧化。刚从染缸里捞出来的布颜色呈黄绿色，在接触到空气后慢慢氧化成蓝色，待
到充分氧化后再次放入染缸中，如此反复 6 ～ 8 次即可（图 5-2-4）。

图 5-2-4 染布

四、后期处理

后期处理主要包括清洗、固色、晾晒、刮布、踩布几个过程。

清洗过程一般要重复 2 到 3 次，以去除残留在布上的灰浆（图 5-2-5）。固色是通过反复浸染 6 ~ 8 次以达到颜色深且不易褪的效果，也可以将布放在醋酸中吃酸固色。固色后将花布晾干（图 5-2-6）。刮布是把布绷紧用刮刀将浮灰刮掉，这个过程中要注意拿刮刀的角度，一般与布面呈 45° 角，以免刮坏布面（图 5-2-7）。

图 5-2-5 清洗印花布

图 5-2-6　晾晒印花布

图 5-2-7　刮布

踩布是一个需要经验和技术的"体力活"，是最需要力气的一道工序。技术工人双手撑着固定在墙上的双杠，脚下踩着一块呈凹字形的巨石，双脚分别踩住石头的两端，左右交替踩踏，需要使重几百斤的巨石在自己脚下快速地、如不倒翁般平稳地晃动而不会摔倒，这对体力和平衡能力都是巨大的考验（图5-2-8）。石磙踩布的作用是使蓝印花布变得十分平整，便于直接用来剪裁。

图 5-2-8　踩布

邵阳"蓝印花布印染技艺"是在唐宋时期漏版蜡染的基础上发展而来的，由于石灰、黄豆取材方便，成本较低，所以这种印染方法曾一度成为流行，深受广大群众欢迎。现在手工生产植物染织的土布市场需求大幅度缩减，总结其原因主要在四个方面。一是民国时期的人为破坏，导致许多优秀的传统蓝印花布的版型丢失。二是传统手工艺工作任务重，技艺学成出师需要几年时间，学成后能创造的收入也没有去沿海地区打工高，导致愿意学习此技艺的年轻人不多，传承后继乏人。三是现代印染技术的冲击，工业化制作的布料颜色五彩斑斓，厚薄和材质都应有尽有，已经没有多少人再用蓝印花布做家纺用品或者服装。传统手工艺的产生依赖于市场和消费者，失去市场将难以为继。四是随着社会经济的发展和人民大众审美观念的转变，价廉物美的机织布更受欢迎，特别是年轻的一代更喜爱价格实惠、花样繁多的机织布。这些都使传统印染技艺退出历史舞台成了必然。

第三节 邵阳蓝印花布的艺术特色

一、邵阳蓝印花布的色彩

邵阳蓝印花布集民间手工艺和民间美术两方面的特色于一体，是以蓝白为主的双色布，仅有简单的蓝底白花与白底蓝花两种形式。其颜色单纯，纯的白与纯的蓝经过民间匠人的设计，具有一种清新质朴的美感，蓝白之间虚实相宜（图5-3-1、图5-3-2）。另外，邵阳蓝印花布有其独特的工艺，具有染而不褪色，耐洗耐用、吸汗透气等诸多优点。

图5-3-1 蓝印花布花样1

图5-3-2 蓝印花布花样2

二、邵阳蓝印花布的题材

邵阳蓝印花布的图案均来源于生活，花鸟鱼虫是最常见的表现题材。因为是用于百姓日常生活的布料，在图案和纹样上多取自老百姓喜闻乐见的民间故事和花鸟鱼虫图案，通过谐音、暗喻、拟人等手法，隐含吉祥的寓意，表达老百姓祈福纳吉的普遍心理状态和审美情趣（图5-3-3、图5-3-4）。

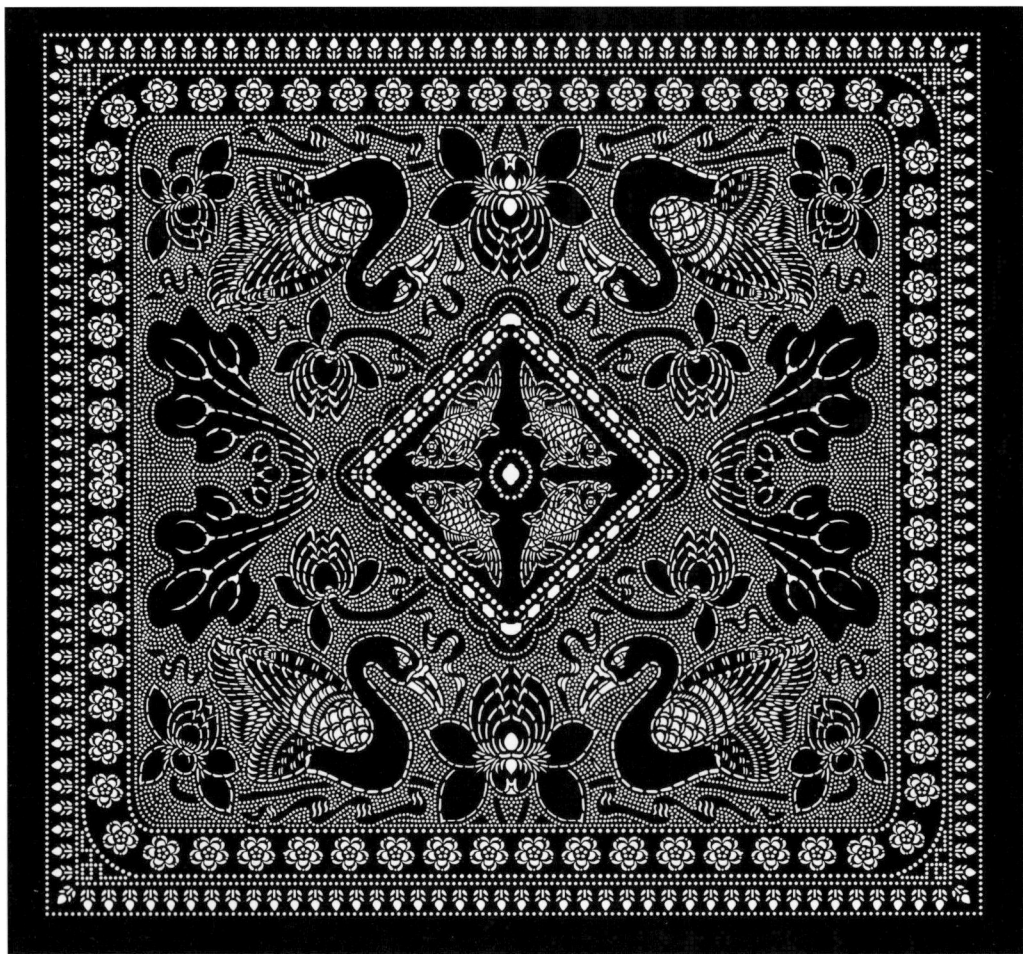

图 5-3-3　鸭戏莲花

比如"五福捧寿"的图案就利用了"福"字和"蝠"的谐音。图案的正中间是寿字纹，四周围绕着五只蝙蝠，蝙蝠图形概括抽象，双翅展开围绕成一个圆形。"五福捧寿"表现了人们希望福寿绵延的美好理想和丰富情感（图5-3-5）。

图 5-3-4 年年有余

图 5-3-5 五福捧寿

三、邵阳蓝印花布的构图

邵阳蓝印花布在构图上有一个总体特征，就是主题图案位于正中间，周围配以圆点、碎花、线条等图案装饰，四周搭配纹饰和内主题图案呈现出两个方形，给人向内渐变聚拢的视觉效果。如蓝印花布"五福捧寿"中心图案是寿字纹，周围装饰的花样呈圆形分布，中间以小圆点组成大小不等的圆圈，同时产生聚拢、疏密的变化，画面中的图案纹样相互映衬，有一种朴实的律动之美，使整个画面洋溢着浓烈的乡土气息。

邵阳蓝印花布构图还讲究对称和均衡、连续和重复的形式美法则，通常一组图案要经过上下左右的印制，这种边框纹的构图适用范围广，被面、头巾、杯垫、围兜上都能用。在画面布局上，方中包圆和圆中包方是最常见的适合纹样造型（图5-3-6、图5-3-7）。

图 5-3-6　蓝印花布花样 3

如"花开富贵"被面的构图中，画面中心纹样为"福"字，四周装饰为对称的牡丹花和碎花。牡丹花是富贵之花，四朵牡丹花呈现上下左右的对称分布，纹样之间穿插有序、疏密得当（图5-3-8）。

图 5-3-7　蓝印花布花样 4

图 5-3-8　花开富贵

第四节　邵阳蓝印花布的传承人

一、国家级代表性传承人蒋良寿

蒋良寿，男，1951年出生，国家非遗项目蓝印花布印染技术代表性传承人。自十三岁起便跟随外公学习蓝印花布印染技艺，从小的耳濡目染，使得蒋老师印染技艺高超，与蓝印花布结下深厚的情缘。在蓝印花布生产的黄金时代，蒋良寿家的染布坊生产的布料远销广西、贵州等地，每年都会有络绎不绝的商贾上门提货。随着现代印染和洋布的普及，蓝印花布逐渐淡出市场，但蒋老师一直坚持从事蓝印花布印染技艺的工作，至今已有近六十年的时间。蒋老师非常担心这门古老的技艺失传，只要年轻人想学他都非常热心地指导传授。目前蒋老师作为邵阳学院艺术设计学院的特邀教师经常为学生们讲课，传授民间工艺，受到了艺术设计学院学生们的热烈欢迎，很多学生已学会了蓝印花布印染技术。

二、省级传承人蒋振西

蒋振西（1949～），邵阳县五峰铺镇人，邵阳蓝印花布印染技艺省级代表性传承人。小时候，五峰铺镇家家户户都从事蓝印花布纺织和印染的生计，自小的耳濡目染让他对蓝印花布有着极为特殊的情感。小学毕业后，正式拜师学习印染技艺，由于他勤奋好学，很快学会了包括刻板在内的整套工序。他曾在五峰铺镇印染厂做过技术工人，是厂里的骨干力量，能够设计刻板的蓝印花布品种花样繁多，丰富而精美，深受广大购买者的喜爱。

第五节　邵阳蓝印花布的现代传承与创新

邵阳蓝印花布印染技艺是活态传承和产业化成功结合的典型。近年来，蓝印花布印染技艺已从濒危状态逐步得到了改善，传承人队伍从2人发展到30余人，全县恢复传统印染作坊5家，成立了包括湖南蓝印文化发展有限公司在内的企业2家，并在邵阳县工业职业技术学校建立了（项目进校园）蓝印花布教学基地，编辑蓝印花布进校园教材一本（试用版），几年来学校共培养蓝印花布印染技艺爱好者100余人，设计创作蓝印花布服饰作品300多件套。占地60亩的蓝印花布生产基地，基础设施建设已完成投资6000余万元，预计将于2019年10月前投入生产。

目前，邵阳蓝印花布通过产学研结合，将蓝印花布的印染技艺和图案美学与现代设计结合进行创新性的运用，已经发展出各类不同用途的产品，涵盖了家纺、服装、生活日用品等各个类别。这些产品既有民俗文化的朴实传统之美，又符合年轻人时尚潮流的审美品位，受到了消费者的喜爱（图 5-5-1 至图 5-5-3）。

罗沙沙是邵阳蓝印花布印染技艺现代创新的传承者，也是为数不多的从事非物质文化遗产的 80 后传承者之一。罗沙沙创立的湖南蓝印文化发展有限公司先后获得"湖南省巾帼农业脱贫示范基地""湖南省巾帼巧手创业就业基地"两项"巾帼"荣誉。她毕业于大学艺术设计专业，科班出身，曾经到美国加州大学学习服装设计。在她的传承和推动下，邵阳蓝印花布和服装结合，走出了一条邵阳蓝印花布和现代设计结合的跨界之路。她设计开发出了蓝印花布扇子、手包、花伞、拖鞋、围巾、手包等百余种文创产品，受到了市场消费者的喜爱。

近年来，湘西南非物质文化遗产保护取得初步成效，邵阳花鼓戏、羽毛画、蓝印花布、洞口木雕等 6 个项目共获得省非物质文化遗产生产性保护资金 360 万元。在政府和非遗研究者的共同努力下，不断探索非遗市场化、产业化发展路径，推动非遗项目走出去，如组织蓝印花布及武冈卤菜制作技艺两个项目分别入驻张家界溪布老街非遗博览园和韶山非遗博览园、建立了蓝印花布、宝庆竹刻两个生产性保护基地等。合力开发和利用非遗项目，是对非遗最有效的保护手段。把非遗项目赋予新的时代内涵和现代表现形式，突出非遗项目的创意设计与推广，推进非遗文化与现代理念的有机融合，使其焕发出新活力。据统计，邵阳市现有文化类企业共两千多家，其中投资上百万元的文化类企业 26 家。现正准备通过整合资源，开发文旅产业精品，逐渐将地方代表性的非物质文化遗产宝庆竹刻、滩头年画、蓝印花布、花瑶挑花等特色文化产业项目做大做强。

图 5-5-1　邵阳蓝印花布在服装设计中的应用

图 5-5-2　邵阳蓝印花布在家纺设计中的应用

图 5-5-3　邵阳蓝印花布在生活用品中的应用

省、市、县级非物质文化遗产篇

第六章　八都凿花

第一节　凿花的历史源流

凿花是我国民间广为流行的艺术形式之一，是一种融物质文明和精神文明于一体的民间美术形式。凿花艺术深深植根于民间，寄托了老百姓的精神信仰，被广泛应用于丧葬、祭祀和日常生活习俗之中，鲜明地反映出广大老百姓基本的心理特征、审美情趣和价值观念，承载着信仰、美化的多种功能，是一种物化的文化传承。

湘西南地区的凿花艺术与民间丧葬祭祀习俗密不可分，是湖湘传统文化不可忽视的一部分。湘西南巫风盛行的古梅山地区的民俗是重祭祀丧葬的，在流传了几千年的丧俗中，凿花可以说是通灵的物品。说起凿花可能大家并不熟悉，但与凿花类似的另一个民间艺术形式——剪纸，几乎无人不知。其实，凿花和剪纸有异曲同工之妙，因为剪纸和凿花都是镂空的艺术，只是在创作时所用的工具不同而已，剪纸用的是剪刀，凿花用的是凿刻刀等。

在全国各地都有凿花艺术，仅湖南就有湘西踏虎凿花和隆回八都凿花等不同工艺类别。在蔡伦发明造纸术之前，工匠们都是在木头、石头上进行雕花装饰。凿花的雏形可以追溯到商代，是当时流行的一种民间美术，名曰镂花。镂花是一种雕花或者刻花，在古代的建筑设计中，经常用镂花来起到装饰和隔断作用。大到古代建筑的梁柱影壁，小到窗棂桌椅，镂花手法随处可见，反映出古代人们对装饰美好生活的愿景（图6-1-1）。

艺术家采用凿子、锤子等工具，巧妙运用线条，不管是对人物内心的抽象写真，还是对花鸟鱼虫的自然写实，每件作品都凿出了精巧、质朴、灵秀、生动的艺术效果。各地凿花艺术题材大致相同，可是又各有特色，风格迥异，流传千余年，品种成千上万，人物形象、社会生活画面、飞禽走兽、花鸟鱼虫等无所不有。

图 6-1-1　民居建筑中的窗户镂花

隆回是少数民族聚居县，这里有瑶族、苗族、回族、土家族等多个少数民族，风景秀美迤逦，人文和自然资源丰富，是湘西南文化的重要组成部分。六都寨是隆回的一个特色小镇，史称"寨上"，美丽的八都凿花便产生于此。隆回六都寨一带是梅山巫文化发祥地之一，自古以来巫风炽盛，民间祭祀活动甚为流行。八都凿花艺术流传的区域以六都寨镇为主，辐射周边各相邻乡镇，东至荷田乡，南至荷香桥，西至西洋江、大水田，北到七江等地，是当地老百姓红白喜事必不可少的装点。隆回八都凿花已被列入县级非物质文化遗产保护名录，目前正在积极准备省级非物质文化遗产项目。

第二节　八都凿花的工艺流程

和中国其他许多民间艺术形式一样，八都凿花有其特有的使用工具和制作流程。八都凿花艺术是用特制的刻刀"凿"成的，一般可刻数层，熟练的艺人一次凿刻可多达数十层，传承人胡如运一次最多可凿 40 张纸（图 6-2-1）。

图 6-2-1　传承人胡如运凿花的工作现场

一、八都凿花的工具与材料

隆回八都凿花所使用的工具有锤子、钉子、蜡板、凿子等，各类凿子又分为圆形凿、直形凿、V形凿、十字形凿等多种（图6-2-2），另有松木、刷子、镊子、案几等。材料主要是五色金银纸，有金纸、银纸、绿金纸、红金纸4种（图6-2-3）。隆回八都凿花所用的蜡板是艺人自制的，用香灰、木炭灰、羊油混合而成，这种自制的蜡板既经济环保又好用（图6-2-4、图6-2-5）。

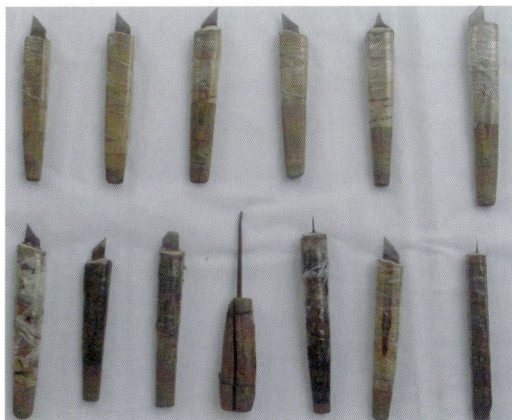

图 6-2-2　凿刻工具

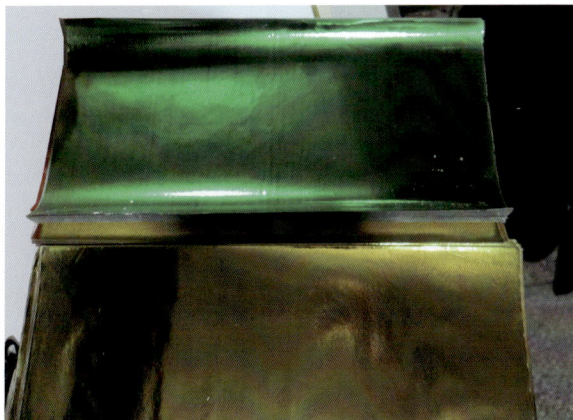

图 6-2-3　凿花用五色金纸

图 6-2-4　凿花艺人自制的蜡板

图 6-2-5　艺人用木制刮子刮平蜡板

二、八都凿花的制作过程

凿花的制作流程看似简单，实则十分讲究，颇有技巧。首先选取软硬适中的松木作为刻板，然后绘制好图案，再将图案贴覆于五色金银纸上，最后才能用专用凿刀沿着之前所绘制的图案铅笔稿细细凿刻。凿刻的力度也非常讲究，不能太重或者太轻，太重容易损坏模板，太轻则不能使所有纸张完全受力。

1. 雕版

在准备凿花之前，需要用铅笔绘制出所要凿花的图案，这个图案就是凿花模板（图6-2-6）。模板选用的纸张为坚实耐用的牛皮纸，因为牛皮纸很厚，不易损坏，一个模板往往能用很多年。用铅笔画好草图之后，再用刻刀把图案凿刻出来，这样模板就完成了（图6-2-7、图6-2-8）。模板的作用是覆盖于凿花的五色彩纸之上，给凿花艺人做模子用的。

图 6-2-6　凿花工序之绘制草图

图 6-2-7　凿花工序之凿刻模板

2. 固定纸张

做好模子之后，艺人要用钉子、锤子把模板连同纸张一起固定在蜡板上，蜡板即凿花艺人的工作台。固定的过程中要保证订紧，以免凿刻时纸张不平整而导致图案出现偏差。

3. 凿刻

凿花时特别注重刀法的准确和流畅，只有这样才能在容易破损和皱起来的彩纸上凿出模板上的图形。八都凿花艺人凿刻运刀时讲究刀刃朝前，用力均匀，一边凿刻一边清理碎纸屑，以保证工作台面的清洁。在运刀时注意要用切而不要划，因为切出来的纸张边缘更为平整。用力要刚劲均匀，像拿着锯子一样，来回切掉。此外，握刀的角度也非常讲究，要将刀和纸面垂直，刻出的花纸才会更加准确。在连接的地方，用刀更加要准，以免连接处的纸张被刻断。

图 6-2-8　凿花模板

第三节　八都凿花的艺术特征

八都凿花的基本材料是五彩色纸，基本造型元素是线条和块面，主要造型符号是装饰化的点、线、面，作品花样精细，凿刻细腻。由于是在纸上进行操作，难以表现三维立体的真实事物，凿花艺人凭借自身对美的理解，将自然界纷繁的事物进行艺术化的简化和概括。凿花艺术所表现的图案中没有空间，不讲透视，不顾比例，图形图像表现出强烈的平面化特征，能将任何形象拼接组合于窄窄的纸张内。在凿花艺人的凿子下，物体没有体积，凭着经验和灵性任意取舍，自然挥洒，大胆创造。为追求美观的画面效果，艺人大胆地将不同季节、时空的事物拼接同构，连续地描绘自己心中的世界。

八都凿花的花样有数十种之多，按用途大致可以分两大类。

1. 用于红喜事的

用于红喜事的花样主要有喜鹊回弯格、喜鹊梅开回龙格、大寿字等（图6-3-1）。

如图6-3-2所示，为喜鹊套莲花回龙窗。该作品图案构图为对称式布局，喜鹊造型写实，形态优美，凿刻手法细腻，清晰地表现出了喜鹊身上的羽毛。这个画面呈现上下、左右对称构图，上下线条粗犷，相对宽疏；中间的莲花纹线条繁复，周围衬托菱格纹装饰，画面的正中间是一串中国结纹样。整个图案的布局、造型，无不体现了艺人高超的艺术修养。因为是做红喜事用，所用素材都是富有吉祥寓意的莲花、喜鹊、中国结等纹样，表现当地百姓向往美好生活的愿景。

图6-3-1　寿诞用的吉祥七星灯

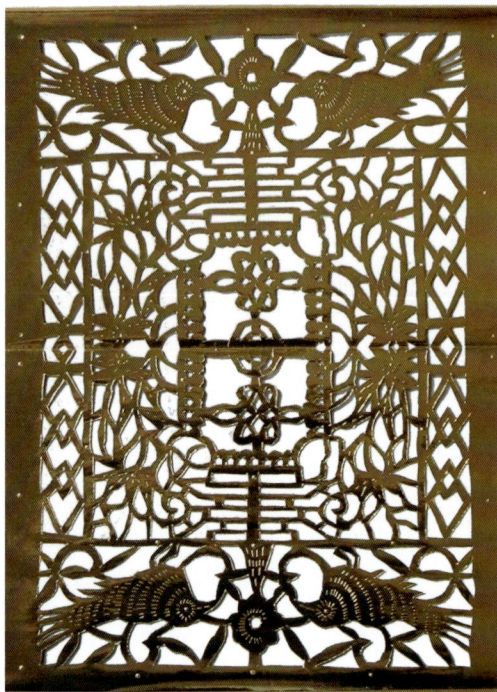

图6-3-2　凿花作品"喜鹊套莲花回龙窗"

如图6-3-3所示，为喜鹊莲花回弯格。画面上部的两只喜鹊寓意双喜临门。湘西南民间艺术善于运用谐音、象征的符号来传递祝福。在民间有种说法，逢家中有喜事，会有喜鹊在家门前的树上鸣叫；而莲花在传统文化里，一直是吉祥的代表，有多子多福的寓意。

如图 6-3-4 所示，为喜鹊窗子花。此作品是做红喜事时用于贴于窗户上的，起到美化和增强欢乐气氛的作用。该凿花以淳朴、粗犷、简练的线条，刻画出了四只喜鹊在树枝上叽叽喳喳的生动画面。作品中含有浓郁的湘西南民间美术的泥土气息，土生土长、土色土香，没有矫揉造作，这种古朴的造型手法，一方面源于湘西南民间文化对艺人的熏陶，另一方面源自八都凿花艺人对生活的观察和解读，表达了艺人自己对于生活的理解。

图 6-3-3　凿花作品"喜鹊莲花回弯格"

图 6-3-4　凿花作品"喜鹊窗子花"

2. 用于白事的

在八都凿花的花样中，还有另一种用于白事的，有莲花冬瓜窗、大小帐檐、窗子花、横格花、八仙过海、娘娘仙屋等（图 6-3-5 至图 6-3-9）。受到古梅山文化的影响，当地巫风盛行，祭祀和丧葬在当地民众心中是大事，自然而然，产生了许多与丧礼有关的艺术形式，伴随着千家万户的生活，牵动着每个人的心灵。

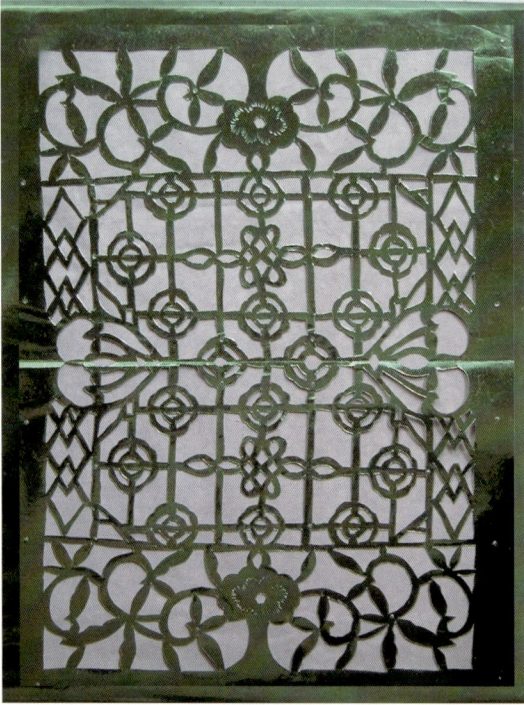

图 6-3-5　八都凿花作品"莲花冬瓜窗"

图 6-3-6　八都凿花作品"蝴蝶冬瓜窗"

图 6-3-7　八都凿花作品"梅花冬瓜窗"

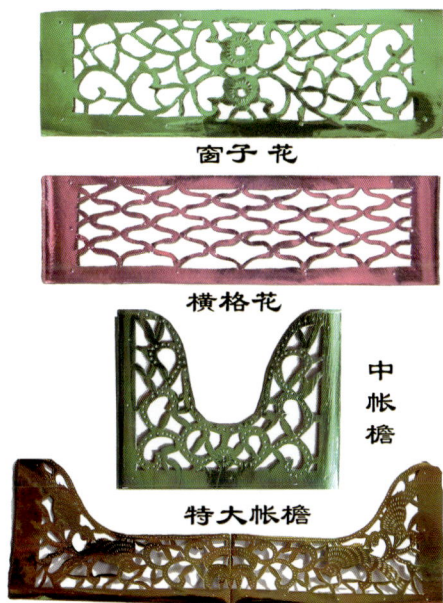

图 6-3-8　灵屋凿花装饰的局部

图 6-3-9　祭祀用的娘娘仙屋

　　凿花艺术广泛用于宗教仪式、装饰和造型艺术等方面，如寿堂、葬礼、祭祀等场合，用凿花来装饰悼念死者的"灵堂""灵屋"，寄托哀思。每逢清明等祭祀节日，当地百姓会购买纸做成的衣服、帽子、鞋子及牲畜等，焚烧给逝去的亲人，寄托生者对亡者的无限哀思（图6-3-10）。他们焚烧漂亮华美的灵屋给亡者，希望亡者在另一个空间能生活幸福，衣食无忧。凿花可以模拟出灵屋的窗户和帐檐，起到美化的作用，同时艺人会将铜钱的造型作为图案凿刻在上面，表达了人们对亲人的关爱和怀念（图6-3-11至图6-3-13）。

图 6-3-10　纸人

图 6-3-11　凿花在灵屋中的应用

图 6-3-12　灵屋的房檐凿花装饰

图 6-3-13　凿花在丧葬纸扎的应用

第四节　八都凿花的县级代表性传承人

　　八都凿花历史悠久，对于研究地方风俗和文化艺术具有较高的价值。据胡氏族谱记载，八都凿花起源于清代乾隆年间。乾隆 61 年，其先祖胡德洪从县城北面的七江乡迁入六都寨镇，八都凿花开始在六都寨流传。八都凿花为世代单传，传承至今已历经了五代。

　　第一代凿花技艺代表，胡德洪，乾隆 46 年 2 月生。

　　第二代凿花技艺代表，胡明驹，嘉庆 23 年 12 月生。

第三代凿花技艺代表，胡芳桂，同治8年4月～1923年正月。

第四代凿花技艺代表，胡友发，宣统3年10月～1979年6月。

第五代凿花技艺代表，胡如运，1950年生。

胡如运，男，六都寨凿花艺术的第五代传人，跟随其父学艺，从小练就一手凿花技艺，足迹遍至隆回六都寨和洞口高沙、新化及湘西各地。凿花技艺流传至胡如运这代，他在总结先人技艺的基础上，将凿花艺术赋予了新的时代内涵，其凿花艺术注重写实，风格柔美明快，镂金彩绘，玲珑剔透，独具风格，自成体系。胡如运谈到八都凿花的发展和传承脸上露出担忧和愁容，他说凿花历史悠久，是六都寨人民追美爱美的重要载体，曾经在红喜事上主要起装饰、喜庆的作用；在白事上，寄托对亡者的思恋。然而由于拜寿现已极少，婚庆都以现代艺术代之，很少用凿花做装饰；白事中，置办高档灵堂屋者也为数不多。凿化的传统功能正面临严峻的挑战和限制，凿花艺人因无多少经济效益，不得不另谋出路，年轻人不愿再学凿花，凿花艺术正面临着后继乏人、濒临失传的危机。

第七章 梅山纸马

第一节 梅山纸马的历史源流

纸马自古是一种由民间民俗信仰活动产生和发展起来的民间艺术形式，具有浓厚的宗教色彩。据《辞源》记载纸马起源于唐玄宗时期，因为唐玄宗亵渎了鬼神，终日心神不得安。其臣子王玙以褚为币，焚化以祭鬼神，为唐玄宗赎罪。后来，焚化纸钱的办法在民间广为流传。因为是将神像画在纸上，有乘骑之用，故称纸马也。

梅山纸马起源于唐玄宗时期的"甲马"，在梅山地区流传已有一千多年的历史。和当地道教结合，形成了独具梅山特色的内容丰富的纸马文化。这种文化似巫似道，是狩猎、农耕、渔猎等文化的杂糅。一千多年来，纸马艺术一直在这里世代流传，成为湘西南古梅山地区民众生活中一种影响深远的文化现象。

隆回梅山纸马主要流传在六都寨镇、高平镇、滩头镇和周旺铺、桃花坪、荷香桥一带。隆回县六都寨、高平、滩头一带是古老神秘的梅山文化的核心地带，这里自古以来崇尚鬼俗，巫风炽盛，千年不衰的巫傩文化和民俗信仰，孕育、造就了"梅山纸马"这一梅山地区民间文化艺术。

历史上平民百姓曾饱受苦难，寄希望于超自然的神灵，能给他们带来丰衣足食、和睦平安的生活，于是，避凶驱祸、祈福求安成为梅山纸马的永恒主题。梅山纸马印刷用的是滩头产的土纸。在旧时梅山地区，每当家中有人病痛缠身就会请师公做法驱邪，驱邪的符咒就是纸马。纸马经历代纸马匠的传承，已发展成为独具梅山文化特色的民间艺术珍品。

新中国成立后，经历了扫除封建迷信和"破四旧"运动，纸马基本在梅山绝迹，当年身怀绝技的纸马匠大都亡故，专业授徒都甚少，梅山纸马已濒临灭绝。如今，其主要流传地域六都寨镇位于县境中部，因处梅山文化中心区域，深受梅山文化影响，人民的生活习俗和传统文化一直保存着浓厚的地域特色，有着流传梅山纸马的深厚土壤。梅山纸马现已被列入邵阳市级非物质文化遗产保护名录。

第二节 梅山纸马的工艺流程

一、梅山纸马的产品类别

　　纸马铺子是六都寨地区一种特殊的商店，专门经营祭祀丧葬用的明器，当地人也称之为纸马店。在梅山地区这种纸马店非常普遍，在村镇等人口较为密集的地方都能看到这种店铺。梅山纸马文化多姿多彩，品种繁多，许多神话中的神灵鬼怪形象都出现在了梅山地区的纸马造型中，主要的类别如下。

1. 神像类

　　纸马神像用单色土纸印刷绘制，道教和佛教普遍供奉神祇，有各类仙佛、菩萨和民间诸神。神像的雕版用梨木、樟木等材质雕刻印刷，也有的是手工绘制。梅山纸马的神像有：观音像、卢公像、庙王像、南宫像、王母像、阴司像、玉皇像等，这些神像有的容貌样和，有的面目威严狞厉，骑在纸马匠用竹篾片扎成的假马之上。这些假马的骨架用竹篾扎出，外面用纸糊成形状，非常奇特。前来购买的敬奉者根据实际需求选择不同的神像（图7-2-1）。

玉皇像

王母像

阴司像

关公像

观音像

卢公像

庙王像

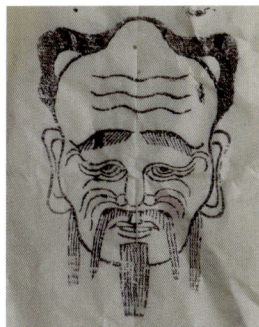
南宫像

图7-2-1　各种神像

图 7-2-2　纸人

2. 相衣类

相衣是一种用各色纸裁剪，然后按照实际的衣服结构，叠成各种衣形，冠冕形制。相衣也有男装女装的区别，每一套都含有衣服和裤子。在梅山地区，每年七月十五是"接老客菩萨"节，也是鬼节，是梅山地区非常隆重的一个民俗节日。所谓"接老客菩萨"就是家家户户都要把自己逝去的祖先"接"回家中供奉。"接"是很有讲究的，需要用纸马类的明器焚烧，由家族中德高望重的长辈烧好香，摆好果品饭菜，然后口中念念有词，将杯子酒撒到地上，才算完成请神回家的仪式。待到三日期满，需要准备好"相衣"和"钱财"送"老客菩萨"离开（图7-2-2）。

3. 钱箱类

钱箱分为大、中、小三个型号，是长方体纸糊箱子，根据用途又可以分为方箱（相衣用）、疏箱（疏文用）、大箱（纸钱用）等数种。这种纸箱皆是用薄细篾片编织而成，底层镂空，露出稀疏竹篾方格，四周的外层糊上色纸，如家用木箱一样，有盖可以打开（图7-2-3）。在湘西南的民间，但凡有老人亡故，葬礼时亲人会将纸箱塞满，明面贴上标签，写明"道其冥笼一对，上奉仙逝 XX 大人九泉受用，XX 谨具"的字样，然后焚烧。

图 7-2-3　钱箱

二、梅山纸马的制作工具

制作梅山纸马所用的相关工具主要有雕刻的印版、雕刻工具、印刷工具等三大类别。

雕刻的印版：梅山纸马属于木版画，印版主要是用当地盛产的梨木、樟木雕刻而成。梨木和樟木的材质比较坚韧，易于细细雕刻，同时也不容易因为天气和季节变化产生开裂，经济实用，是纸马雕版的首选（图7-2-4）。

雕刻工具：有民间常见的锯子、砍刀、刻刀、裁纸刀、松板、剪刀等。

印刷工具：纸马用单色墨板印刷。以滚筒、刷子、土纸、黑墨等为印刷工具与材料。

三、梅山纸马的制作

先由画师在纸上画出图样，再将图样刻在梨木或樟木板上，制成印版。最后用滩头产的土纸手工刷印成画（图7-2-5）。

图 7-2-4　纸马雕版

图 7-2-5　匠人在刷印纸马

第三节　梅山纸马的艺术特征

一、梅山纸马的内容题材

梅山纸马内容丰富，品种繁多，主要用于悼念亡人、祭祀祖宗、避凶驱祸、祈福等祭祀活动。梅山纸马按内容可分为像马、科马两大类。像马主要是天界、地界、水界诸神头像。诸神头像在师公做道场时应用，是焚烧后通灵的使者。科马内容繁杂，主要是有寓意的人物、故事、物品等，分净秽科、凤科、满散科、佛科、谢祖科、谢地科、楼灯科、打符科等（图 7-3-1 至图 7-3-3）。

1. 像马

常见的神像作品有玉皇大帝、孙公真仙、观音菩萨、庙王菩萨、文殊菩萨、普贤菩萨、龙王、土地、南岳菩萨、金将军、吴将军、关圣帝等（图 7-3-4）。

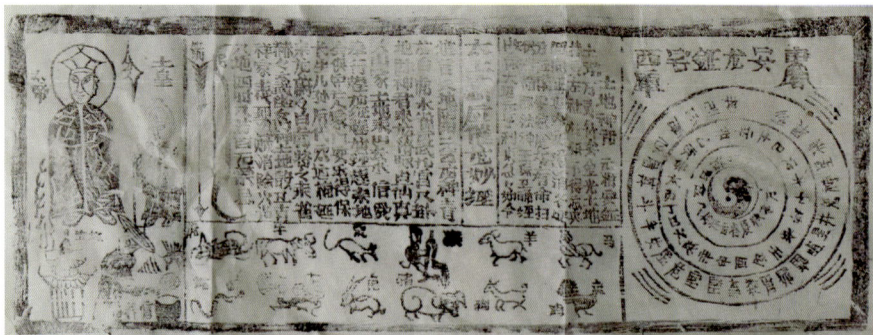

图 7-3-1　谢地科

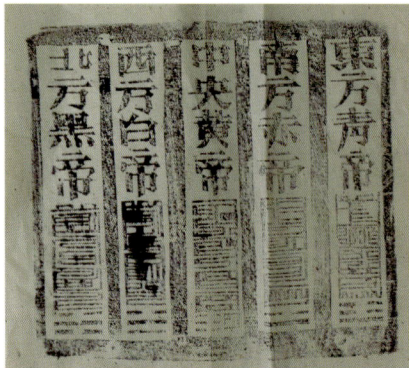

图 7-3-2　五方符

图 7-3-3　车夫

南公	张公	李公	侯公
寿佛爷爷	家主公公	金大将军	忠靖王爷
刑部丞相	吏部丞相	地藏王	吴将军

图 7-3-4　各种菩萨像印版

2. 科马

科马作品有《二十四孝图》《喜鹊闹春》《金鱼嬉水》等。驰名中外的套版印刷滩头木版年画，就是从梅山纸马工艺发展而来。不同的是，滩头年画是过年时才张贴，工艺上用多色套印；梅山纸马只要有需要任何时节都可以买，用后焚烧掉，工艺用单色墨版印刷。

在科马的题材中，有非常多的表达孝道的故事，如二十四孝图：《芦衣顺母》《行佣供母》《涌泉跃鲤》《戏彩娱亲》《百里负米》《哭竹生笋》《孝感动天》《扼虎救父》等，这些都是歌颂中华民族的传统美德——孝道的故事，也表达了古梅山峒民孝祖奉先、孝行天下的忠孝思想，对研究梅山地域的人伦道德思想具有很高价值（图 7-3-5）。

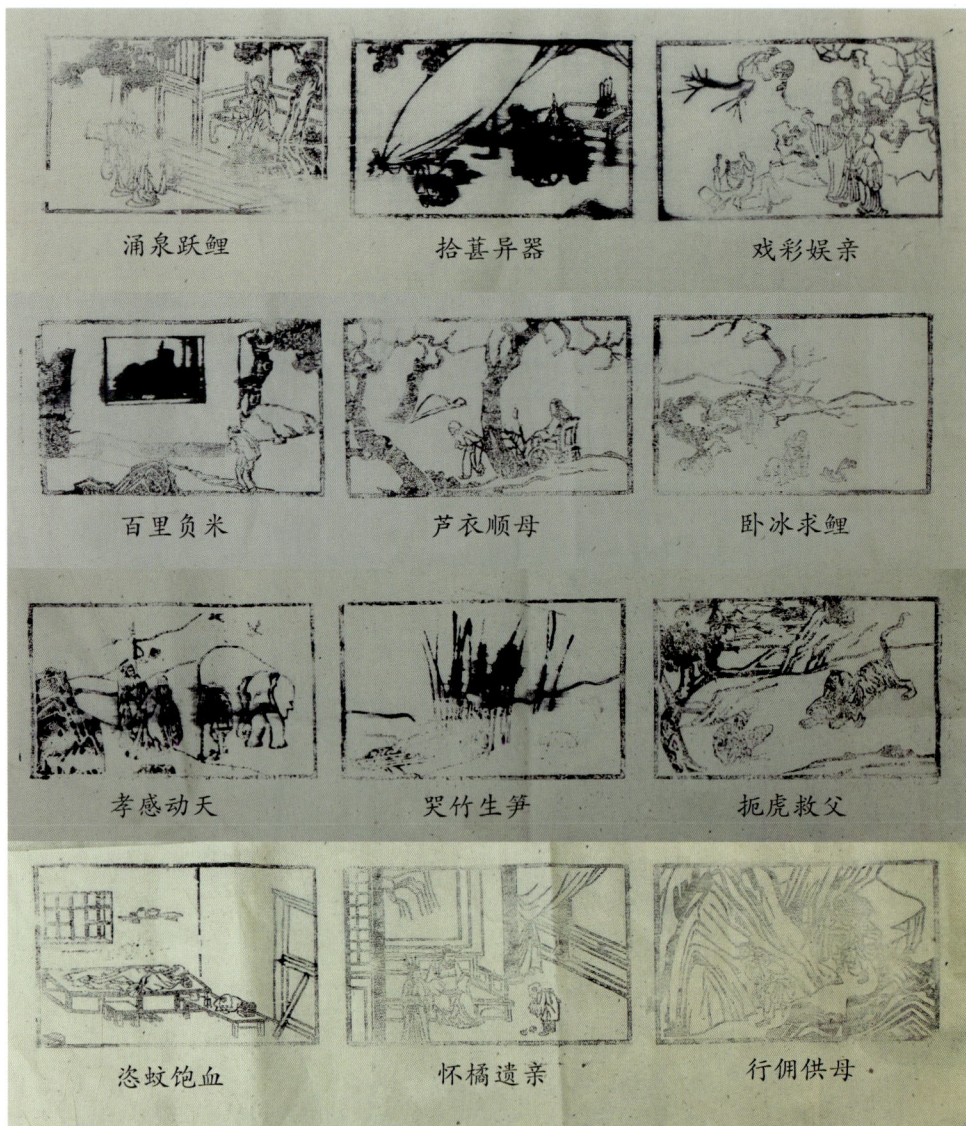

图 7-3-5　科马人物故事类

二、梅山纸马的艺术特征

梅山纸马在造型上追求象征意义，人物头像造型各异，动感十足，线条细腻流畅。梅山纸马刻制十分讲究，图像造型优美，线条富有张力，体态秀雅，体现了纸马匠人们高超的艺术修养，艺术价值极高。用于祭祀的纸马神像风格粗狂怪野，五官夸张，眼睛突出，奇特狰狞，给人一种威严和敬畏之感，有种原生态的粗野之美。故事、人物类的纸马构图饱满，绘图线条流畅圆润，细而富于力度，布局疏密有致，独具一格，有着独特的美学价值。

造型上和其他许多地区的纸马不同，梅山纸马只有神像的头像，没有脖子，用黑色单色印刷，通过线条的粗细和疏密来表现面部的细节特征，胡须眉毛处用重复的细线条，面部轮廓是高度概括的粗线。在五官的塑造上，采用夸张的手法，取其大形，刻画其精神特质。在神像的面部造型上，不讲究"三庭五眼"的比例，神像的眼、耳、口、鼻的大小都超出常人，五官之中又重点突出眼睛，带给人神灵的威严和敬畏感。

梅山纸马之所以用黑白两色有其深刻的原因，这与梅山纸马浓厚的宗教色彩密不可分。我国的传统文化非常讲究色彩的象征意义，黑与白是最原始的色彩，人类从诞生之初就经历黑夜和白昼的更替交换，形成了对自然界最早的认知，对远古的人类来说黑与白有种难以言说的神秘。同时，在梅山文化中，黑色代表了神权，是为天玄，有一种庄重肃穆的感觉。

梅山纸马是梅山宗教巫术文化的一种重要载体，对研究梅山宗教巫术和民俗具有重要价值。同时，梅山纸马内容丰富，生动地体现了梅山地域的文化传统，承载着丰厚的历史文化积淀，具有极高的历史价值和文化价值。

第四节　梅山纸马的传承人

隆回六都寨纸马，其传承谱系已无记载，确切的起源时间无法考证。"文革"期间，很多珍贵的印版被烧毁，梅山纸马基本绝迹，后继乏人。近年来，梅山纸马虽又重现于城乡各地，但大多都以商业利益为重，作品粗制滥造，品种单一，已经不复当年的精华和魂魄，梅山纸马濒临灭绝。据当地老者口述，传入六都寨最早的纸马匠姓廖，现能知晓的传人如下。

市级传承人肖孚赞，男，1964年生，初中文化程度。早在小学五年级时，就开始跟父亲肖孝成制作剪纸、扎架、印刷神像等。2009年6月30日，参加了全国文化遗产保护日隆回县非物质文化遗产展示展演活动。

第八章　宝庆瓷刻

第一节　宝庆瓷刻的历史源流

"宝庆瓷刻"技艺源自民间的"号碗"传统，距今已经有一百多年的历史。所谓号碗就是在经济条件落后的旧时代，老百姓每当家里操办红、白事摆酒时，自家的碗往往会不够用，需要向村里的其他人家借取，而且往往需要借几家的碗才够用。为了不混淆和弄错借来的碗和数量，每次买到新碗后，都会找艺人在碗底刻上姓氏，长久下来就形成了刻碗艺人这门职业。

据民国八年（1919 年）修《刘氏族谱》记载：清咸丰四年（1854 年），宝庆城手艺最好的号碗匠人刘登聪投奔湘军，同治七年（1868 年）追随曾国藩到直隶，当差期间曾拜师直隶画师邓石如，学习山水绘画和瓷刻技艺。同治 12 年（1873 年）刘登聪被朝廷遣散回宝庆老家新滩镇，在城内皇恩寺开了一家瓷刻店，一边卖瓷器，一边为城里的官府商贾和文人墨客在瓷器上雕刻花鸟虫草和山水字画。从此，瓷刻技艺便成为宝庆刘家维持生计的祖传绝技。自清同治时期"宝庆瓷刻"随艺人刘登聪传入宝庆，距今已有一百多年的历史。宝庆瓷刻是艺人在烧制好的瓷器上用特殊工具雕刻出图案、图像的一种传统手工艺，因为图案的雕刻要求艺人兼具美术功底，作品保持了诗书画的传统，所以宝庆瓷刻也兼具民间美术的特征（图 8-1-1 至图 8-1-5）。

图 8-1-1　瓷刻摆件

图 8-1-2　瓷刻花瓶

图 8-1-3　瓷刻屏风

图 8-1-4　南海观音瓷瓶

图 8-1-5　瓷碟雅趣

宝庆瓷刻到现在已经传承了五代。民国时期是宝庆瓷刻全面发展的时期，此时的宝庆城内有瓷刻坊 4 家，瓷刻从业师傅 20 余人。文人雅士和官府商贾皆喜好以瓷刻艺术品作为收藏和文房把玩，也常以瓷刻作为相互赠送的礼品。第三代传承人刘士琼和罗素云夫妻在民国时期和新中国成立初期的瓷刻作品主要为各种不同造型和已上釉烧制好的素色瓷质碗碟、杯盘、花瓶、瓷板、罐缸、屏风、摆件等。后来因为战争的因素，宝庆瓷刻受到严重破坏，发展一度停滞，瓷刻艺人也四处流散。目前，宝庆瓷刻传统技艺已被列入湖南省省级非物质文化遗产保护名录。

第二节　宝庆瓷刻的工艺流程

宝庆瓷刻的主要工具有钨钢刀、金刚石刀、小木槌、毛刷、锤子、凿子、平口刀等，主要材料有颜料、生漆、蜂蜡等。小铁锤非常袖珍，锤身总长只有 4 厘米左右，锤子头是一个双头一样大小的直径约 1 厘米的长方体，锤子把手有防滑纹路，以防止手心出汗时握锤子打滑。金刚石刀刀长 3～4 厘米，从细到粗有三种不同的型号，表现细节部位用细刀，表现大的轮廓用粗刀，根据画面的需要选择工具。在凿刻的过程中艺人还需要佩戴眼镜，以免凿刻时由于距离过近，瓷器的碎片飞入眼睛。从如此精细的工具便不难看出，瓷刻是一门精细入微的技艺。

宝庆瓷刻的工艺流程主要分为起稿草图、刻轮廓、刮瓷釉、上色、抛光打蜡等几道工序。艺人在选择好的各种素色瓷器上，先用毛笔画好花鸟虫鱼或山水人物的墨稿，或者将画稿纸贴在瓷器之上，构成所需要的画面或字形，再用金刚石刀或者钨钢刀沿画面或字形的外轮廓刻线，用双线表现画面或字体，然后将双线间的瓷釉刮掉，而后填墨、上彩、抛光、打蜡。如果是深色瓷器，则表面不需着色，利用釉的颜色和瓷胎的白色形成画面的黑白灰；而白色的瓷器在雕刻后，可按照创作的构想和画面需要填墨着色，抛光打蜡，一件精美的瓷刻作品就由此诞生了。

瓷刻的主要对象是各种已上釉烧制好的素色瓷器，如碗碟杯盘、瓶板缸罐等。在瓷器上刻画时，需根据器形来构思草图和凿刻。瓷器属于易碎品，在易碎的瓷器上进行金石雕刻，没有修改的余地，因此用刀必须准确无误，用力均匀，既轻又快，一旦刻坏将再无修复的可能，如果掌握不好力度出现崩瓷就会前功尽弃。所以，没有金刚钻不揽瓷器活，瓷刻的学成出师需要 3～5 年，甚至更长的时间。

第三节　宝庆瓷刻的艺术特征

宝庆瓷刻品类题材丰富，传统题材的作品与中国工笔画的形式美结合，讲究画面的细腻和线条的优美，画面的虚实和空间具有强烈的平面装饰意味。而与工笔画不同的是，画面呈现在温润光洁的瓷器上，体现一种典雅素净的美感。

古人在瓷器上进行雕刻装饰的工艺分为刻花、划花、剔花、透雕等很多种。瓷刻艺人刘金铎用白瓷作为雕刻对象，通过雕刻时用力的轻重来表现画面亮、暗、灰的光影调子层次关系，巧妙地利用了釉色的深和底色的白，能达到非常逼真的素描和黑白照片的效果。刘金铎在人物肖像瓷刻作品上造诣尤其精深。人物肖像是难度相当大的雕刻类别，高超的画家用画笔都很难画得传神和逼真，运用凿子和刻刀在易碎的瓷器上雕刻，难度可想而知。凭借着自己曾经到湖南师范大学进修美术的功底，他将素描绘画艺术与雕刻艺术相结合，运用超现实主义的表现手法，将人物肖像刻画得细致入微，达到了照片都难以企及的真实感。为了更好地刻画细节，刘金铎在雕刻时运用放大镜，绝不轻易带过任何一根毛发。刘金铎创作的瓷刻人物肖像作品源自照片，但是比照片更有艺术感，因为作品中注入了作者对艺术作品的取舍和情感（图 8-3-1至图 8-3-6）。

宝庆瓷刻在运刀时艺人吸收了传统的金石篆刻的运刀方法，传统刀法有钻刀法、双勾法、刮刀法。传承人刘金铎独创绝技有乱刀法、滚刀法和游丝点刀法。其中游丝点刀法在手法上有点凿法、勾凿法、起凿法、跳点法、擦凿法、转凿法、捻凿法等特殊技巧手法，能像画笔一样表现细致入微的头发的光影效果。宝庆瓷刻在运刀时刻线要求一刀到底，尽量不重复刻多遍，铁锤用来敲打，用凿刻的疏密来体现所描画对象的虚实远近（图 8-3-7）。

宝庆瓷刻凿刻时保持线条的流畅，把中国国画的笔墨神韵、书法的空灵和西洋画讲究的点、线、面、黑、白、灰巧妙结合起来。人物肖像作品肌肉骨骼的质感表现精微细妙，水珠的刻画达到了以假乱真的程度，让人忍不住想要伸手去触摸。宝庆瓷刻所表现出来的作品不仅有西方写实的绘画之美，同时兼具中国金石雕刻之趣，中西结合，美轮美奂。瓷刻艺术虽然是以书画的形式出现，但绝不是对其简单的再现，由于瓷器特殊的载体，瓷刻作品呈现一种雨打沙滩的肌理效果，是融合二维绘画艺术和三维雕刻艺术两方面特征的艺术形式。

图 8-3-1　宝庆瓷刻作品《奥巴马的眼泪》

图 8-3-2　宝庆瓷刻作品《乐开怀》

图 8-3-3　宝庆瓷刻作品《齐白石肖像》

图 8-3-4　宝庆瓷刻作品《乔布斯肖像》

图 8-3-5　宝庆瓷刻作品《湘西妹子》

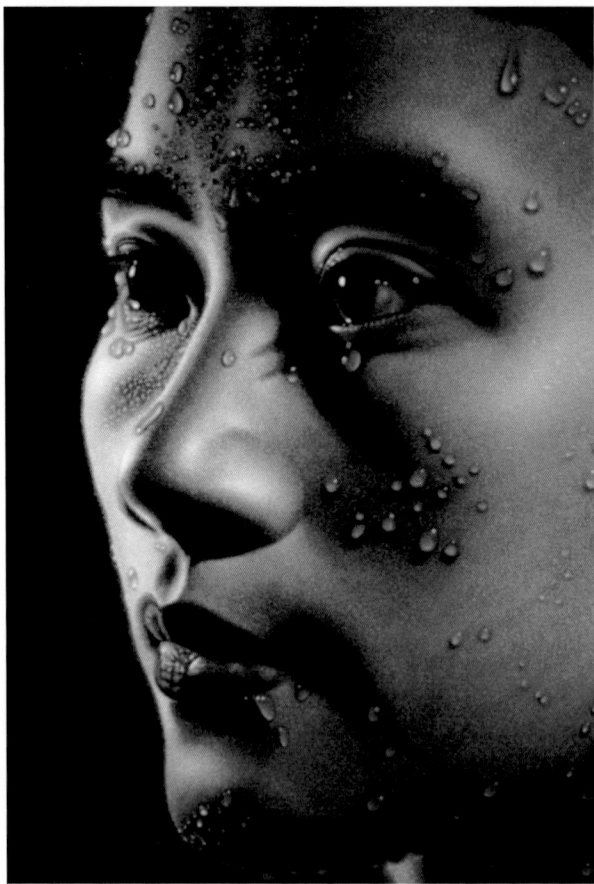

图 8-3-6　宝庆瓷刻作品《泳坛之花》

图 8-3-7　宝庆瓷刻作品《戏水》

第四节　宝庆瓷刻的传承人

宝庆瓷刻技艺为家族内部代代相传。

第一代传人：刘登聪，号墨轩（清道光 21 年～民国 4 年）。自幼继承父辈的铜碗、号碗、刻碗手艺；拜直隶山水画家邓石如为师，学习绘画和瓷刻；后专为官员富商、文人墨客在瓷器上雕山水、人物、字画，被称为"宝庆一绝"。

第二代传人：刘朝俊，号书甫（同治 12 年～民国 12 年），瓷刻艺人。

第三代传人：刘士琼，号庆林（民国元年～1995 年），瓷刻艺人。罗素云，女（民国 2 年～2015 年 1 月），宝庆瓷刻百岁老艺人。

第四代传人：刘金铎（1957 年～），宝庆瓷刻传承人。刘金铎自幼随父亲刘士琼和母亲罗素云学习瓷刻技艺，耳濡目染，尽得祖传瓷刻绝技真谛。1991 年与年近八十岁的母亲罗素云先后在邵阳、深圳和珠海开办了宝庆瓷刻艺术研究所工作室，收徒传艺。徒弟主要有：刘恒能、李家声、罗俊、刘静等。

第五代传人：刘恒能（1982 年～），宝庆瓷刻传承人。

参考文献

[1] 彭波. 剖析依托于梅山文化底蕴的滩头年画 [J]. 湖北社会科学，2014（8）：196-198.

[2] 张之一. 滩头年画装饰性艺术研究 [D]. 北京印刷学院，2013.

[3] 赵鑫. 论滩头木版年画的特点 [J]. 科技资讯，2008（1）：243-244.

[4] 孙婵. 传统图像的语义模式 [D]. 湖南师范大学，2008.

[5] 李函艳，梁淼，刘纯一，等. 花瑶挑花纹样的题材 [J]. 大众文艺，2012，13（7）：195-196.

[6] 文牧江. 花瑶挑花艺术小探 [J]. 艺海，2007，1（2）：78-79.

[7] 谢菲. 文化生态视野下民间手工艺的传承困境及其保护路径——以国家级非物质文化遗产宝庆竹刻为例 [J]. 中华文化论坛，2014（5）：141-146.

[8] 左汉中. 湖南民间美术全集 [M]. 长沙：湖南美术出版社，1994.

[9] 夏雪. 中国少数民族非物质文化遗产保护与传承研究 [D]. 中国艺术研究院，2011.

[10] 陈静梅. 贵州少数民族非物质文化遗产传承人保护研究 [M]. 北京：中国社会科学出版社，2016.

[11] 李佩琼. 宝庆竹刻传承人口述史研究 [D]. 湖南师范大学，2016.

[12] 丁智才. 民族文化产业视域下少数民族非遗文化的生产性保护——以壮族织锦技艺为例 [J]. 云南社会科学，2013，5（9）：100-105.

[13] 吴宗平. 民族文化产业视野下少数民族非遗文化的生产性保护——以水族马尾绣工艺为例 [J]. 商，2015，50（12）：126，114.

[14] 郭华，候小军. 剪刀下的民间文化——民间剪纸的造型特点 [J]. 艺术与设计：理论版，2008（7）：229-231.

后 记

湘西南是本人的故乡，这里山清水秀，人杰地灵，各民族的民俗在这里交融汇集，多元化的民族文化使得这里的民间文化和民间艺术形式古老而又特征鲜明。

湘西南地区拥有湖南省内最多的非物质文化遗产资源，为了让家乡的这些宝贵的文化遗产得以传承和延续，本人自 2011 年从湖南师范大学美术学院硕士毕业后，进入邵阳学院艺术设计学院任教至今，一直从事湘西南地区非物质文化遗产的传承和保护研究工作。获得了湖南省社会科学成果评审委员会课题《湘西南少数民族地区非物质文化遗产活态传承研究》和邵阳市科技计划项目《花瑶挑花的图案美学与旅游纪念品创新设计》的立项，这些项目研究的都是本地区的非物质文化遗产。本书作为这两个项目的结题著作，大致从历史源流、工艺流程、艺术特色、传承人、现代传承与应用等五个方面记录和展开探讨，希望能为湘西南地区非物质文化遗产的传承和创新应用提供一些有价值的参考。

在本书即将出版之际，要感谢隆回县非物质文化遗产保护中心的周碧平主任、欧阳丹先生，在开展田野调查的过程中，给予我热情的帮助。周碧平主任是我湖南省社科评审委员会课题《湘西南少数民族地区非物质文化遗产活态传承研究》的参与人，为本书提供了许多重要的图片资料。感谢宝庆竹刻市级代表性传承人陆凡林先生和王浩宇先生提供的珍贵资料，使本书宝庆竹刻的撰写内容更为充实。感谢我的先生承担了照顾孩子的大部分工作，使我有充裕的时间来完成本书的撰写工作，每当在艰苦的田野调查中遇到各种问题时，也是他给予了我精神上的鼓励和支持，使我得以顺利地完成该项目研究工作。感谢我的父母和姐姐，谢谢你们对我一直以来的教育和支持。

姚文凭

2019 年 3 月